3000+ GERMAN CONVERSATION STARTERS

Improve your speaking and have more interesting conversations

JENNY GOLDMANN
PHILIPP GOLDMANN

BELLANOVA

MELBOURNE · SOFIA · BERLIN

3000+ German Conversation Starters

www.bellanovabooks.com

Copyright © 2023 by Jenny Goldmann

HARDCOVER
ISBN: 978-619-264-088-0
Imprint: Bellanova Books

All rights reserved. No part of this book may be reproduced in any form by any electronic or mechanical means including photocopying, recording, or information storage and retrieval without permission in writing from the author.

CONTENTS

About the author	6
Using this book	8
Family · **Familie**	10
Food & Drink · **Essen & Trinken**	16
Travel · **Reisen**	23
Sports · **Sport**	30
Music · **Musik**	35
Film & TV · **Film & Fernsehen**	41
Fashion & Clothing · **Mode & Kleidung**	49
Books & Literature · **Bücher & Literatur**	55
Art & Culture · **Kunst & Kultur**	64
Nature & the Environment · **Natur & Umwelt**	72
Technology · **Technologie**	79
Education · **Ausbildung**	87
Health & fitness · **Gesundheit & Fitness**	93
Politics · **Politik**	98
German Culture & Traditions · **Deutsche Kultur & Traditionen**	104
German History · **Deutsche Geschichte**	112
Business · **Wirtschaft**	119

CONTENTS

Cars · **Autos**	127
German cuisine · **Deutsche Küche**	132
Holidays & Celebrations · **Feiertage & Feiern**	139
Social media · **Sozialen Medien**	145
Relationships & Dating · **Beziehungen & Dating**	153
Religion & Spirituality · **Religion & Spiritualität**	160
Money & Finance · **Geld & Finanzen**	166
Languages & Linguistics · **Sprachen & Linguistik**	171
German Landmarks · **Deutsche Wahrzeichen**	179
Cooking and Baking · **Kochen und Backen**	182
Shopping · **Einkaufen**	188
Gardening & Plants · **Gartenarbeit & Pflanzen**	193
Beauty & Skincare · **Schönheit & Hautpflege**	199
Home & Interior Design · **Haus- & Innenarchitektur**	205
Hobbies & Interests · **Hobbys & Interessen**	211
Charity & Volunteering · **Wohltätigkeit & Freiwilligenarbeit**	216

Philosophy · **Philosophie**	223
Habits & Routines · **Gewohnheiten & Routinen**	230
Pets · **Haustiere**	237
Weather & Seasons · **Wetter & Jahreszeiten**	243
Nightlife & Entertainment · **Nachtleben & Unterhaltung**	249
Human Biology · **Menschliche Biologie**	255
Museums & Galleries · **Museen & Galerien**	260
Photography · **Fotografie**	267
Astronomy & Space Travel · **Astronomie & Raumfahrt**	273
Climate Change · **Klimawandel**	280
Festivals & Carnivals · **Feste & Karneval**	288
Science Fiction & Fantasy · **Science-Fiction & Fantasy**	295
Self-improvement · **Selbstverbesserung**	302
Weddings · **Hochzeiten**	309
Landmarks & Places · **Sehenswürdigkeiten & Orte**	315
Wildlife Conservation · **Artenschutz**	321
Careers & Workplace · **Karriere & Arbeitsplatz**	328
Just for fun · **Nur zum Spaß**	333

ABOUT THE AUTHOR

Hi! I am Jenny, a life-long language learner and writer married to an amazing German man. I now consider German to be my second language, having worked incredibly hard to master this wonderful language. That's right—it's not easy! But, for me at least, being able to speak confidently on lots of different topics really was the turning point in my language journey.

Speaking spontaneously and at-ease is the hardest thing to master, but absolutely the most rewarding. While I was learning German, I would give my husband questions to ask me on lots of different topics. It meant we weren't just talking about what we were having for dinner, or about tomorrow's weather. It helped immensely.

And now, I hope that this book can help you on your journey to being a confident German speaker, too.

I have written questions that are designed to be challenging and to make you think, even in your own language. For many of the questions, you may need to do some research to be able to answer the questions. Try to do this research in German, for an added challenge!

However you use this book, have fun and don't be afraid to step outside of your comfort zone. Don't have someone to talk to in German? No worries! Despite having a German husband, I spent most of my time talking to myself in the mirror. You may feel silly at first, but after a while you'll find yourself having some quite amusing conversations with yourself.

So, here's to your German learning journey!

USING THIS BOOK

Using conversation starters is an excellent way to improve your German speaking skills, and with over 3000 conversation starters in this book, you'll have plenty of opportunities to practice your language skills. Here are some tips on how to use conversation starters effectively to improve your German speaking:

Start by choosing a topic that interests you. This will make it more engaging and enjoyable to practice speaking about it.

Read the question carefully and make sure you understand the vocabulary and grammar used in the question. If you don't understand something, use a dictionary or ask a teacher or language partner for help.

Practice speaking out loud. Don't be afraid to make mistakes, as this is part of the learning process.

Speaking out loud will help you improve your pronunciation and fluency, and will give you more confidence in your ability to speak German.

Try to use new vocabulary and grammar structures in your responses. This will help you expand your knowledge of the language and become more comfortable using it in a variety of contexts.

Don't be afraid to ask for feedback. If you're practicing with a teacher or language partner, ask them to correct your mistakes and offer suggestions for improvement. This will help you learn from your mistakes and become a more effective communicator in German.

Use the conversation starters regularly. The more you practice, the more comfortable you'll become with the language, and the easier it will be to have fluent, natural conversations in German.

Most importantly, **viel Spaß!**

FAMILY · FAMILIE

1. Wie viele Personen gibt es in deiner Familie?
2. Hast du Geschwister? Wenn ja, wie viele?
3. Wie ist dein Verhältnis zu deinen Geschwistern?
4. Wer ist die älteste Person in deiner Familie?
5. Wie oft triffst du deine Familie?
6. Was ist dein Lieblingsessen, das deine Familie zubereitet?
7. Wie oft macht ihr zusammen Ausflüge oder Reisen?
8. Welche Traditionen hat deine Familie?
9. Wie sieht ein typischer Tag in deiner Familie aus?
10. Wer kümmert sich normalerweise um die Hausarbeit in deiner Familie?

11. Was sind deine Eltern von Beruf?
12. Was sind deine Geschwister von Beruf?
13. Wie oft sprichst du mit deinen Eltern?
14. Wer hat dich als Kind am meisten beeinflusst?
15. Wie ist das Verhältnis zwischen deinen Eltern?
16. Was sind deine liebsten Erinnerungen an deine Familie?
17. Wer ist in deiner Familie der Komiker?
18. Wer ist in deiner Familie der Intellektuelle?
19. Wie oft feiert ihr zusammen Familienfeste wie Geburtstage oder Weihnachten?
20. Was möchtest du mit deiner Familie in der Zukunft unternehmen?
21. Was für Aktivitäten unternehmt ihr zusammen als Familie?
22. Was für Traditionen habt ihr an Weihnachten in deiner Familie?
23. Wie sieht ein perfekter Familienausflug für dich aus?

FAMILY · FAMILIE

24. Wer hat dich als Kind am meisten unterstützt?
25. Wie wichtig ist dir der Zusammenhalt in deiner Familie?
26. Was für Hobbys teilst du mit deiner Familie?
27. Wie oft verbringst du Zeit mit deinen Großeltern?
28. Wer in deiner Familie ist besonders kreativ?
29. Was ist das lustigste Ereignis, das du mit deiner Familie erlebt hast?
30. Wie sieht das perfekte Familienessen für dich aus?
31. Wer in deiner Familie ist der beste Koch?
32. Wie wichtig ist dir die Meinung deiner Familie bei wichtigen Entscheidungen?
33. Was für Werte hat deine Familie?
34. Wie sehr ähnelt dein Charakter dem deiner Eltern?
35. Wer in deiner Familie ist der größte Abenteurer?
36. Wie oft seht ihr als Familie zusammen fern?
37. Was für Pläne hast du für den nächsten Familienurlaub?

38. Wie wichtig ist es für dich, deine Eltern stolz zu machen?
39. Wie sieht ein typischer Familienurlaub für dich aus?
40. Wer in deiner Familie ist am besten darin, Ratschläge zu geben?
41. Wie sieht ein perfekter Tag mit deiner Familie aus?
42. Wer in deiner Familie ist am meisten für seine Arbeit bekannt?
43. Was war die größte Herausforderung, die deine Familie gemeistert hat?
44. Was war der lustigste Streich, den du mit deiner Familie gespielt hast?
45. Wie hat sich deine Familie im Laufe der Zeit verändert?
46. Wer in deiner Familie ist am besten darin, andere zum Lachen zu bringen?
47. Was ist das Schönste, was du jemals für deine Familie getan hast?
48. Wie sieht ein typischer Familienabend für dich aus?

FAMILY · FAMILIE

49. Wie wichtig ist es für dich, deine Geschwister zu unterstützen?
50. Wer in deiner Familie hat den besten Musikgeschmack?
51. Wie oft besuchst du deine Verwandten (Onkel, Cousins, Tanten etc.) außerhalb der Familie?
52. Wer in deiner Familie ist am besten darin, Konflikte zu lösen?
53. Wie wichtig ist es für dich, deine Familienwurzeln zu kennen?
54. Wer in deiner Familie ist am meisten für seine sportlichen Fähigkeiten bekannt?
55. Wie bedeutend ist dir der Nachname deiner Familie?
56. Was schenkst du deiner Familie zum Geburtstag?
57. Wer in deiner Familie ist der beste Lehrer?
58. Wie oft unterhaltet ihr euch als Familie über ernste Themen?
59. Was ist das beste Erlebnis, das du mit deiner Familie auf Reisen hattest?

60. Wer in deiner Familie ist am meisten für seine Kochkünste bekannt?
61. Wie wichtig ist es für dich, dass deine Familie deine Freunde mag?
62. Wer in deiner Familie ist am meisten für seine künstlerischen Fähigkeiten bekannt?
63. Wie oft besucht ihr als Familie neue Restaurants?
64. Was ist das schlimmste Erlebnis, das du mit deiner Familie hattest?
65. Wer in deiner Familie ist am meisten für seine technischen Fähigkeiten bekannt?
66. Wie wichtig ist dir das Familienerbe?
67. Wer in deiner Familie ist am meisten für seine Abenteuerlust bekannt?
68. Wie oft verbringst du Zeit mit deinen Cousins und Cousinen?
69. Was sind die wichtigsten Werte, die deine Familie vermittelt?

FOOD & DRINK · ESSEN & TRINKEN

1. Was ist dein Lieblingsessen und warum?
2. Welche Art von Essen hast du noch nie probiert, möchtest es aber gerne mal ausprobieren?
3. Was ist dein Lieblingsgetränk?
4. Was ist dein Lieblingsrestaurant und was ist das Beste an diesem Ort?
5. Was ist dein Lieblingsdessert und wie oft isst du es?
6. Was ist das schlimmste Essen, das du jemals gegessen hast?
7. Wie wichtig ist dir gesundes Essen?
8. Welche Art von Küche bevorzugst du (z.B. italienisch, asiatisch, mexikanisch, etc.)?
9. Was ist dein Lieblingsgericht zum Frühstück?

10. Wie oft isst du Fast Food?
11. Was ist dein Lieblingsessen, das deine Mutter oder dein Vater kocht?
12. Welches Getränk trinkst du am liebsten zu deinem Lieblingsessen?
13. Welche Zutat oder Gewürz fügst du deinen Gerichten gerne hinzu?
14. Wie wichtig ist es für dich, dass dein Essen bio ist?
15. Welcher ist dein Lieblingswein?
16. Welches ist dein Lieblingsbier?
17. Was ist dein Lieblingsessen, das du auf Reisen entdeckt hast?
18. Welche Art von Tee oder Kaffee trinkst du am liebsten?
19. Welche Art von Obst oder Gemüse isst du am liebsten?
20. Was ist dein Lieblingsgericht zum Abendessen?
21. Was ist dein Lieblingsrezept und wo hast du es her?

FOOD & DRINK · ESSEN & TRINKEN

22. Welche Art von Snacks isst du gerne?
23. Welches ist dein Lieblingsrestaurant in deiner Stadt?
24. Was ist dein Lieblingsgetränk, wenn du ausgehst?
25. Was ist dein Lieblingsgericht aus deiner Heimatstadt oder Region?
26. Wie wichtig ist dir eine ausgewogene Ernährung?
27. Was ist dein Lieblingsgetränk im Winter und warum?
28. Welche Art von Käse isst du am liebsten?
29. Was ist dein Lieblingsessen aus einem anderen Land?
30. Was ist dein Lieblingsfrühstück am Wochenende?
31. Was ist dein Lieblingsessen, wenn du krank bist?
32. Welches Getränk magst du im Sommer am liebsten und warum?
33. Welches Essen kannst du immer essen, egal wie oft du es schon hattest?

34. Was ist dein Lieblingsgericht, das du selbst zubereitest?
35. Welches Restaurant möchtest du gerne einmal besuchen?
36. Wie wichtig ist dir, dass dein Essen gut aussieht?
37. Was ist dein Lieblingsgetränk, wenn du gestresst bist?
38. Welche Art von Saft trinkst du am liebsten?
39. Was ist dein Lieblingsessen, das du auf einer Party servierst?
40. Welches Essen würdest du gerne einmal selbst machen?
41. Wie wichtig ist es für dich, dass dein Essen schnell zuzubereiten ist?
42. Was ist dein Lieblingsessen, wenn du alleine bist?
43. Welche Art von Brot isst du am liebsten?
44. Was ist dein Lieblingsgetränk auf einer Party?
45. Welches Essen magst du überhaupt nicht?
46. Was isst du am liebsten zum Mittag?

47. Welche Art von Wein trinkst du am liebsten?
48. Wie oft isst du in der Woche Fast Food?
49. Was ist dein Lieblingsdessert?
50. Welches Getränk magst du am liebsten zum Frühstück?
51. Was ist dein Lieblingsessen zum Abendessen?
52. Welches Lebensmittel hast du erst kürzlich entdeckt und magst du jetzt sehr?
53. Was ist dein Lieblingsgetränk zum Entspannen?
54. Welches Essen hat für dich die meisten Erinnerungen an deine Kindheit?
55. Welches Gericht hast du in einem Restaurant mal bestellt, es aber bereut?
56. Was ist dein Lieblingsessen für ein Picknick?
57. Was ist dein Lieblingsgetränk zum Feiern?
58. Was ist dein Lieblingsgericht, das du ausprobieren wolltest, es aber noch nicht getan hast?

59. Welches Lebensmittel hast du in deinem Leben noch nicht probiert, möchtest es aber einmal ausprobieren?
60. Welches Restaurant würdest du empfehlen, wenn jemand in deine Stadt kommt?
61. Wie wichtig ist Essen und Trinken für unser Wohlbefinden und unsere Gesundheit?
62. Wie hat sich die Esskultur im Laufe der Jahre verändert?
63. Wie beeinflussen Essen und Trinken die Kultur und die Gesellschaft?
64. Wie wichtig ist Nachhaltigkeit in der Lebensmittelproduktion und im Konsum?
65. Wie hat sich die Einstellung der Menschen zu Essen und Trinken im Laufe der Zeit verändert?
66. Wie beeinflussen Essen und Trinken unsere Identität und kulturelle Zugehörigkeit?
67. Wie wichtig ist es, dass Essen und Trinken für alle zugänglich sind?
68. Wie haben Köchinnen und Köche die Esskultur und die Kulinarik beeinflusst?

FOOD & DRINK · ESSEN & TRINKEN

69. Wie wichtig ist es, regionale und saisonale Lebensmittel zu konsumieren?
70. Wie beeinflussen Essen und Trinken die Art und Weise, wie wir uns mit anderen Menschen und Kulturen verbinden?
71. Wie wichtig sind Restaurants und Gastronomiebetriebe für die Kulinarik?
72. Wie haben Esskulturen und Essgewohnheiten die Art und Weise verändert, wie wir über Gesundheit und Ernährung denken?
73. Wie wichtig ist es, dass Essen und Trinken ethisch und fair produziert werden?
74. Wie haben Lebensmittelindustrie und Handel die Esskultur und den Konsum beeinflusst?
75. Wie wichtig sind Wein und andere alkoholische Getränke in der Kulinarik?
76. Wie beeinflussen Essen und Trinken unsere Konsumgewohnheiten und unseren Lifestyle?

TRAVEL · REISEN

1. Wohin möchtest du als nächstes reisen?
2. Was ist dein Lieblingsreiseziel?
3. Welches Land möchtest du besuchen, hast du aber noch nicht besucht?
4. Warst du schon mal auf einem Kreuzfahrtschiff? Wie war es?
5. Reist du lieber alleine oder in einer Gruppe?
6. Welche Art von Reise bevorzugst du? Abenteuer, Entspannung oder Kultur?
7. Welche Stadt hast du besucht, die du nie vergessen wirst?
8. Wie planst du deine Reisen? Verwendest du eine Reise-App oder planst du alles selbst?
9. Welche Sehenswürdigkeit möchtest du unbedingt einmal besuchen?
10. Was ist das Beste an Reisen für dich?

TRAVEL · REISEN

11. Warst du schon einmal in einem Land, in dem man eine andere Sprache spricht? Wie war es?
12. Was sind deine wichtigsten Gegenstände, die du auf Reisen mitnimmst?
13. Welche Art von Unterkunft bevorzugst du? Hotel, Airbnb oder Hostel?
14. Was war das seltsamste Essen, das du auf einer Reise gegessen hast?
15. Was ist das schlimmste Reiseerlebnis, das du jemals hattest?
16. Welche Aktivität würdest du auf einer Reise nie machen?
17. Was ist dein Lieblingsort zum Entspannen während einer Reise?
18. Welche Reise hat dich am meisten verändert?
19. Welches Fortbewegungsmittel benutzt du am liebsten auf Reisen?
20. Wohin bist du zuletzt gereist?
21. Welches Souvenir bringst du normalerweise von einer Reise mit?

22. Welcher ist dein Lieblingsstrand?
23. Würdest du lieber in einem Hotel am Strand oder in einer Hütte in den Bergen übernachten?
24. Was ist das Interessanteste, was du auf deiner letzten Reise gelernt hast?
25. Was sind deine Top 3 Reiseziele?
26. Welche Reise-Apps nutzt du am häufigsten?
27. Was ist dein Lieblingsessen, das du auf Reisen entdeckt hast?
28. Wie lernst du eine neue Kultur am liebsten kennen?
29. Was war das schönste Hotel, in dem du jemals übernachtet hast?
30. Welches ist deine schlimmste Erfahrung mit öffentlichen Verkehrsmitteln auf Reisen?
31. Was sind deine Top 3 Aktivitäten auf einer Reise?
32. Was ist dein bevorzugter Zeitraum, um zu reisen: Sommer, Herbst, Winter oder Frühling?
33. Was ist dein bevorzugtes Reiseziel für einen Kurztrip?

TRAVEL · REISEN

34. Was ist dein bevorzugtes Reiseziel für einen längeren Urlaub?
35. Was ist das beste Restaurant, in dem du jemals gegessen hast, während du auf Reisen warst?
36. Was ist das größte Abenteuer, das du auf einer Reise erlebt hast?
37. Welches Hotel war das Teuerste, in dem du jemals übernachtet hast?
38. Welches wart das billigste Hotel, in dem du jemals übernachtet hast?
39. Welches Souvenir ist für dich am wertvollsten, das du jemals von einer Reise mitgebracht hast?
40. Was ist dein bevorzugtes Reiseziel für Abenteuersportarten?
41. Was ist das beste Festival, das du jemals auf einer Reise besucht hast?
42. Was ist das beeindruckendste Gebäude oder Monument, das du jemals gesehen hast?

43. Was ist dein bevorzugter Weg, um deine Reiseerfahrungen festzuhalten: Tagebuch, Fotos oder Videos?
44. Was ist dein bevorzugtes Transportmittel für eine Städtereise?
45. Was ist dein bevorzugtes Reiseziel für einen Strandurlaub?
46. Welches Land ist das Beste, um allein zu reisen?
47. Was ist dein bevorzugtes Reiseziel für eine romantische Reise zu zweit?
48. Welches Land möchtest du als Nächstes besuchen und warum?
49. Was ist dein bevorzugtes Transportmittel für eine Reise mit der Familie?
50. Was ist das beste Hotel, in dem du jemals mit deiner Familie übernachtet hast?
51. Welches Land hat das beste Essen, das du jemals gegessen hast?
52. Wie wichtig ist Reisen für unser Wohlbefinden und unsere persönliche Entwicklung?

TRAVEL · REISEN

53. Wie hat sich das Reisen im Laufe der Jahre verändert?
54. Was ist dein bevorzugtes Reiseziel für eine Reise, um Abenteuer erleben?
55. Wie wichtig ist Nachhaltigkeit im Tourismus?
56. Wie hat sich die Einstellung der Menschen zum Reisen im Laufe der Zeit verändert?
57. Wie beeinflussen Reisen unsere Vorstellungskraft und Kreativität?
58. Wie wichtig ist es, dass Reisen barrierefrei für alle zugänglich sind?
59. Wie haben Reisen die Art und Weise verändert, wie wir über uns selbst und andere Kulturen denken?
60. Wie wichtig sind Unterkünfte wie Hotels und Ferienwohnungen im Tourismus?
61. Wie beeinflussen Reisen die Art und Weise, wie wir uns mit anderen Menschen und Orten verbinden?
62. Wie wichtig ist es, dass Reisen respektvoll gegenüber der lokalen Kultur und Umwelt sind?

63. Wie haben Reisen die Art und Weise verändert, wie wir über globale Zusammenarbeit und Entwicklung denken?
64. Wie wichtig sind Reiseveranstalter und Reisebüros für den Tourismus?
65. Wie haben Reisen die Art und Weise verändert, wie wir über die Weltgeschichte und unsere eigene Identität denken?
66. Wie wichtig sind Reiseführer und Reisetipps für den Tourismus?
67. Wie beeinflussen Reisen unsere Konsumgewohnheiten?
68. Wie wichtig sind touristische Attraktionen und Sehenswürdigkeiten für den Tourismus?
69. Wie haben Reisen die Art und Weise verändert, wie wir über globale Gesundheits- und Umweltfragen denken?
70. Wie wichtig sind Reisemitbringsel und Souvenirs im Tourismus?
71. Wie beeinflussen Reisen unsere Beziehungen zu anderen Menschen und Kulturen?

SPORTS · SPORT

1. Welche Sportart treibst du gerne?
2. Welche Sportart schaust du am liebsten im Fernsehen?
3. Bist du ein Fan von Mannschaftssportarten oder Einzelsportarten?
4. Welches Team oder welche Sportler sind deine Favoriten?
5. Hast du jemals an einem Wettkampf oder Turnier teilgenommen?
6. Was ist dein Lieblingssportereignis?
7. Wie oft treibst du Sport?
8. Glaubst du, dass Sport wichtig für die Gesundheit ist?
9. Was ist deine bevorzugte Sportstätte?
10. Welche Sportart möchtest du gerne einmal ausprobieren?

11. Gehst du ins Fitnessstudio?
12. Welche ist deine bevorzugte Sportbekleidungsmarke?
13. Hast du schon einmal an einem Marathon teilgenommen?
14. Welcher ist dein Lieblingssportplatz in deiner Stadt?
15. Was ist das beste sportliche Ereignis, das du je erlebt hast?
16. Was ist dein Lieblings-Fitness-Accessoire?
17. Welches ist das härteste Training, das du je gemacht hast?
18. Welches ist dein bevorzugtes Fitnessgerät im Fitnessstudio?
19. Welcher Sport gibt dir das Gefühl, dass du am meisten trainierst?
20. Was ist das beste Sportereignis, das du je im Fernsehen gesehen hast?
21. Hast du schon einmal eine Verletzung durch Sport erlitten?
22. Welches ist dein bevorzugtes Sportgetränk?

SPORTS · SPORT

23. Was ist das beste Fitnessprogramm, das du jemals gemacht hast?
24. Joggst du gerne? Wenn ja, wo läufst du am liebsten?
25. Was ist das beste sportliche Erlebnis, das du mit Freunden geteilt hast?
26. Welchen Fitnesskanal auf YouTube magst du am meisten?
27. Welcher ist dein Lieblingssportverein?
28. Welche Sportarten sind in deinem Land am beliebtesten?
29. Welche Sportarten hast du als Kind gespielt?
30. Was ist das beste sportliche Ergebnis, das du je erzielt hast?
31. Welche Sportart möchtest du am liebsten besser beherrschen?
32. Welches ist dein bevorzugtes Sportgerät?
33. Welcher ist dein bevorzugter Sportkanal oder Streamingdienst?
34. Wer ist dein bevorzugter Sportkommentator?
35. Wie beeinflusst Sport die Kultur und die Gesellschaft?

36. Welchen Sommersport magst du am meisten?
37. Wie hat sich die Einstellung der Menschen zum Sport im Laufe der Zeit verändert?
38. Wie beeinflusst Sport unsere Persönlichkeit und unser Selbstbewusstsein?
39. Wie wichtig ist es, dass Sport für alle zugänglich ist?
40. Wie haben Sportlerinnen und Sportler den Sport und die Sportindustrie beeinflusst?
41. Wie wichtig ist es, dass Sport nachhaltig und umweltfreundlich ist?
42. Wie beeinflusst Sport die Art und Weise, wie wir uns mit anderen Menschen und Kulturen verbinden?
43. Wie wichtig sind Sportvereine und Sportverbände für den Sport?
44. Wie haben Sport und Sportlerinnen und Sportler die Art und Weise verändert, wie wir über Gleichberechtigung und Vielfalt denken?

SPORTS · SPORT

45. Wie wichtig ist es, dass Sportlerinnen und Sportler Vorbilder für die Gesellschaft sind?
46. Wie haben sportliche Großveranstaltungen wie Olympische Spiele und Weltmeisterschaften den Sport und die Gesellschaft beeinflusst?
47. Wie wichtig sind Sportbekleidung und Ausrüstung für den Sport?
48. Wie beeinflusst Sport unsere Konsumgewohnheiten?
49. Wie wichtig sind Trainerinnen und Trainer sowie Sportpsychologen für den Sport?
50. Wie haben Sport, Sportlerinnen und Sportler die Art und Weise verändert, wie wir über Gleichberechtigung und Vielfalt denken?
51. Wie wichtig sind Sportmedien wie Zeitungen, Magazine und TV-Übertragungen für den Sport?
52. Wie beeinflusst Sport unsere Beziehungen zu anderen Menschen und Kulturen?

MUSIC · MUSIK

1. Was ist dein Lieblingsmusikgenre?
2. Was ist dein/e Lieblingsband oder dein Lieblingssänger/in?
3. Wer ist dein/e Lieblingsmusiker/in aus Deutschland?
4. Welches ist dein bevorzugtes Musikinstrument?
5. Was ist dein Lieblingssongtext?
6. Welches ist dein Lieblingslied aus deiner Kindheit?
7. Was ist dein Lieblingsmusikvideo?
8. Was ist dein bevorzugter Musik-Streamingdienst?
9. Was ist dein Lieblingsradiosender?
10. Welche Musiker/innen hast du schon live gesehen?

MUSIC · MUSIK

11. Welches war das beste Konzert, das du je besucht hast?
12. Was ist dein bevorzugter Musikclub oder Konzertort?
13. Was ist das erste Album, das du jemals gekauft hast?
14. Welches Album hast du zuletzt gekauft oder gehört?
15. Welches Musikgenre hast du zuletzt entdeckt?
16. Hörst du irgendwelche deutschen Radiosender?
17. Wer ist dein Lieblingskomponist/in?
18. Was ist dein bevorzugtes klassisches Musikstück?
19. Welche Musikinstrumente hast du schon gespielt?
20. Was ist deine Lieblingsmusik aus einem Film?
21. Magst du Musicals? Welches magst du am besten?

22. Welche Musikgruppe oder welcher Musiker hat dich am meisten beeinflusst?
23. Welche Musik hörst du, um dich zu beruhigen?
24. Was ist das traurigste Lied, das du je gehört hast?
25. Was ist das fröhlichste Lied, das du je gehört hast?
26. Was ist das romantischste Lied, das du je gehört hast?
27. Was ist dein Lieblingssong von einer deutschen Band?
28. Welches Musikinstrument würdest du gerne spielen können?
29. Was ist das beste Album, das du jemals gehört hast?
30. Gehst du gerne auf Musikfestivals?
31. Welches Konzert möchtest du in Zukunft unbedingt besuchen?
32. Zu welchem Song tanzt du am liebsten?
33. Welches Lied macht dich immer glücklich?

MUSIC · MUSIK

34. Welches Lied kann dich zum Weinen bringen?
35. Was ist das beste Cover-Lied, das du je gehört hast?
36. Was ist das schlechteste Lied, das du je gehört hast?
37. Was ist das beste Rock-Album aller Zeiten?
38. Was ist das beste Pop-Album aller Zeiten?
39. Was ist das beste Hip-Hop-Album aller Zeiten?
40. Magst du Jazzmusik? Warum oder warum nicht?
41. Hörst du Metal-Musik? Kannst du irgendwelche Bands nennen?
42. Was denkst du über elektronische Musik?
43. Welches Lied oder Album hat dich dazu gebracht, dich für Musik zu interessieren?
44. Was ist für dich die Bedeutung von Musik in deinem Leben?
45. Kann Musik unsere Stimmung beeinflussen? Wenn ja, wie?

46. Wie wichtig ist es, Musik in der Schule zu unterrichten?
47. Wie hat sich die Popmusik in den letzten Jahrzehnten verändert?
48. Welchen Einfluss hat Musik auf die Gesellschaft?
49. Kann uns Musik helfen, schwierige Zeiten zu überstehen?
50. Wie beeinflussen soziale Medien die Musikindustrie?
51. Glaubst du, ist Musik eine universelle Sprache ist?
52. Wie wichtig sind Musikfestivals für die Musikindustrie?
53. Welche Rolle spielen Texte in der Musik?
54. Kann Musik dabei helfen, sich besser zu konzentrieren?
55. Wie wichtig sind Live-Auftritte für Musikerinnen und Musiker?
56. Welchen Einfluss hat Musik auf die menschliche Psyche?

57. Was ist der beste Musik-Streaming-Dienst und warum?
58. Wie hat sich der Stellenwert von Musik in der Gesellschaft im Laufe der Geschichte verändert?
59. Welche Rolle spielt Musik bei der Entstehung der eigenen Identität?
60. Wie wichtig ist es, dass Kinder Musikinstrumente lernen?
61. Kann uns Musik helfen, sich besser zu erinnern?
62. Wie wichtig ist Musik für die Filmindustrie?
63. Glaubst du, dass Musik uns dabei helfen kann, bessere Entscheidungen zu treffen?

FILM & TV •
FILM & FERNSEHEN

1. Welche ist deine Lieblings-TV-Serie?
2. Welchen Film hast du zuletzt gesehen?
3. Welche Art von Filmen magst du am liebsten?
4. Welche Art von TV-Serien magst du am liebsten?
5. Was ist dein Lieblingsfilmgenre?
6. Was ist dein Lieblings-TV-Genre?
7. Welcher Schauspieler oder welche Schauspielerin magst du am meisten?
8. Was ist dein Lieblingsfilmzitat?
9. Welche TV-Serie sollte jeder gesehen haben?
10. Welcher ist der beste Film, den du je gesehen hast?
11. Welche ist die beste TV-Serie, die du je gesehen hast?

FILM & TV · FILM & FERNSEHEN

12. Welcher ist dein liebster deutscher Film?
13. Welcher ist dein Lieblingsfilm, der auf einem Buch basiert?
14. Welcher Film hat dich in den letzten Jahren am meisten beeindruckt?
15. Welcher Film hat dich zum Lachen gebracht?
16. Welcher Film hat dich zum Weinen gebracht?
17. Welche TV-Serie hast du zuletzt gebinged?
18. Was denkst du über deutsche Filme und Serien im Vergleich zu amerikanischen Filmen und Serien?
19. Welchen Film oder welche Serie hast du schon mehrmals gesehen?
20. Welchen Film oder welche Serie möchtest du unbedingt noch sehen?
21. Schläfst du beim Anschauen von Filmen und Serien manchmal ein?
22. Schaust du Filme und Serien lieber alleine oder mit Freunden?

23. Was hältst du von Filmen, die auf wahren Geschichten basieren?
24. Welcher war der letzte Film, der dich zum Weinen gebracht hat?
25. Hast du schon mal einen Film oder eine Serie auf Deutsch geschaut? Wie war es?
26. Welcher ist dein Lieblingsfilm- oder Serien-Soundtrack?
27. Welchen deutschen Film würdest du empfehlen?
28. Was hältst du von Filmen oder Serien, die auf Büchern basieren?
29. Welcher Film hat dich zuletzt überrascht?
30. Wer ist dein Lieblings-Charakter aus einem Film oder einer Serie?
31. Was denkst du über Superhelden-Filme?
32. Was macht einen guten Film oder eine gute Fernsehsendung aus?
33. Wie hat sich der Publikumsgeschmack für Filme im Laufe der Jahre verändert?

34. Welche Rolle spielen Filme und Fernsehsendungen bei der Bildung von kulturellem Bewusstsein?
35. Wie haben Streaming-Dienste wie Netflix und Amazon Prime die Art und Weise verändert, wie wir Filme und Fernsehsendungen konsumieren?
36. Wie wichtig sind Soundtracks und Musik in Filmen und Fernsehsendungen?
37. Wie haben Fernsehsendungen und Filme die Art und Weise verändert, wie wir unsere Freizeit verbringen?
38. Wie beeinflussen Fernsehsendungen und Filme unser Denken und Handeln?
39. Wie wichtig sind Fernsehsendungen und Filme für die Bildung von Identität und Kultur?
40. Wie haben sich die Themen und Genres von Filmen und Fernsehsendungen im Laufe der Jahre verändert?

41. Welche Rolle spielen Schauspielerinnen und Schauspieler bei der Erstellung von Filmen und Fernsehsendungen?
42. Wie wichtig ist es, dass Filme und Fernsehsendungen eine moralische Botschaft haben?
43. Wie beeinflussen Filme und Fernsehsendungen unsere sozialen Beziehungen und unser Verhalten?
44. Wie wichtig ist es, dass Filme und Fernsehsendungen historisch akkurat sind?
45. Wie haben Filme und Fernsehsendungen die Art und Weise verändert, wie wir über politische und soziale Themen denken?
46. Welche Auswirkungen hat die Verbreitung von internationalen Filmen und Fernsehsendungen auf die globale Kultur?
47. Wie wichtig sind die Regisseure und Produzenten von Filmen und Fernsehsendungen?

FILM & TV · FILM & FERNSEHEN

48. Wie hat sich die Technologie im Laufe der Jahre auf die Produktion von Filmen und Fernsehsendungen ausgewirkt?
49. Welche Rolle spielen Filme und Fernsehsendungen bei der Schaffung von Arbeitsplätzen und der Wirtschaft?
50. Wie wichtig sind Filme und Fernsehsendungen für die Unterhaltungsbranche und die Kulturindustrie?
51. Wie beeinflussen Filme und Fernsehsendungen unsere Vorstellungen von Schönheit, Liebe und Beziehungen?
52. Wie wichtig sind visuelle Effekte und Special Effects in Filmen und Fernsehsendungen?
53. Welche Rolle spielen Kinder- und Animationsfilme in der heutigen Gesellschaft?
54. Wie haben sich die Drehorte von Filmen und Fernsehsendungen im Laufe der Jahre verändert?

55. Wie beeinflussen Filme und Fernsehsendungen unsere Vorstellungskraft und Kreativität?
56. Wie haben Fernsehsendungen und Filme die Populärkultur beeinflusst?
57. Wie wichtig ist es, dass Filme und Fernsehsendungen eine Vielfalt an Darstellern und Darstellerinnen haben?
58. Wie beeinflussen Fernsehsendungen und Filme die Mode- und Beautyindustrie?
59. Wie wichtig sind Auszeichnungen wie Oscars und Emmys für die Film- und Fernsehbranche?
60. Wie haben Filme und Fernsehsendungen die Art und Weise verändert, wie wir über Liebe, Beziehungen und Sexualität denken?
61. Wie wichtig sind Filmkritiker und Filmkritiken in der heutigen Zeit?
62. Wie haben Filme und Fernsehsendungen die Art und Weise verändert, wie wir über Rassen und ethnische Gruppen denken?

FILM & TV · FILM & FERNSEHEN

63. Wie beeinflussen Fernsehsendungen und Filme unsere politischen Überzeugungen und Einstellungen?
64. Wie wichtig sind Neuverfilmungen und Adaptionen von Filmen und Fernsehsendungen?
65. Wie haben Fernsehsendungen und Filme die Art und Weise verändert, wie wir über Geschlechterrollen und Geschlechteridentität denken?
66. Wie wichtig sind Film- und Fernsehfestivals für die Filmindustrie?
67. Wie beeinflussen Fernsehsendungen und Filme unsere Entscheidungen und Persönlichkeit?
68. Wie wichtig sind Filme und Fernsehsendungen für die Werbeindustrie?
69. Wie wichtig sind Werbung und Marketing für die Bekanntheit von Filmen und Fernsehsendungen?
70. Wie beeinflussen Fernsehsendungen und Filme unsere Konsumgewohnheiten?

FASHION & CLOTHING • MODE & KLEIDUNG

1. Was trägst du heute?
2. Wie oft gehst du shoppen?
3. Bist du eher ein Marken- oder No-Name-Typ?
4. Welche Farbe steht dir am besten?
5. Welches Kleidungsstück hast du zuletzt gekauft?
6. Welches Kleidungsstück kaufst du am liebsten?
7. Bist du eher ein Fan von eleganten oder lässigen Outfits?
8. Was hältst du von Second-Hand-Kleidung?
9. Welches Accessoire darf bei dir nie fehlen?
10. Welche Schuhmarke magst du am liebsten?
11. Was ist dein Lieblingskleidungsstück?
12. Trägst du eher helle oder dunkle Farben?
13. Welcher ist dein liebster Fashion-Trend?

FASHION & CLOTHING · MODE & KLEIDUNG

14. Welches Kleidungsstück trugst du in deinem Leben am häufigsten?
15. Was hältst du von Tätowierungen im Zusammenhang mit Mode?
16. Welches Kleidungsstück hast du in deinem Schrank, das du noch nie getragen hast?
17. Wie findest du Kleidung, die aus recycelten Materialien hergestellt wird?
18. Was hältst du von Pelz und Leder?
19. Was sind deine Lieblingsmarken?
20. Welche Farbe trägst du am liebsten?
21. Welches Kleidungsstück ist zeitlos und wird nie aus der Mode kommen?
22. Welches Kleidungsstück würdest du am liebsten selbst entwerfen?
23. Wie wichtig ist dir die Qualität von Kleidung?
24. Welcher ist dein Lieblingsstoff?
25. Welches Kleidungsstück besitzt du am längsten?
26. Was hältst du von High Heels?
27. Was ist dein Lieblings-Schmuckstück?
28. Was ist dein Lieblings-Sommer-Outfit?

29. Was ist dein Lieblings-Winter-Outfit?
30. Welches Kleidungsstück hättest du gerne in deinem Kleiderschrank?
31. Welches ist dein Lieblings-Accessoire?
32. Welches ist dein Lieblings-Abendkleid/ Lieblings-Hemd?
33. Welches Kleidungsstück macht dich am glücklichsten?
34. Was ist dein Lieblings-Outfit, das du in der Schule oder auf der Arbeit getragen hast?
35. Was ist dein Lieblings-Outfit, das du bei einem besonderen Anlass getragen hast?
36. Welches Kleidungsstück hast du aus dem Urlaub mitgebracht?
37. Was ist dein Lieblings-Schuhwerk für den Sommer?
38. Was hältst du von Trachtenmode?
39. Welche Farbe ist in dieser Saison besonders im Trend?
40. Welches Kleidungsstück hast du am häufigsten in verschiedenen Farben?
41. Was ist dein Lieblings-Haarschmuck?

FASHION & CLOTHING · MODE & KLEIDUNG

42. Was ist dein Lieblings-Outfit für einen gemütlichen Tag zuhause?
43. Was hältst du von Mode-Blogs und -Influencern?
44. Welche Kleidungsstücke sollten in jedem Kleiderschrank vorhanden sein?
45. Was ist dein Lieblings-Outfit für ein Date?
46. Welche deutschen Modedesigner kennst du und magst du besonders?
47. Was hältst du von der traditionellen bayerischen Tracht?
48. Was hältst du von der Mode auf der Berliner Fashion Week?
49. Welche deutsche Stadt findest du modisch am ansprechendsten?
50. Was hältst du von der deutschen Lederhosen-Kultur?
51. Wie wichtig ist Mode und Kleidung für unsere Identität und Persönlichkeit?
52. Wie haben sich Modetrends im Laufe der Jahre verändert?
53. Wie beeinflussen Modetrends und Kleidung die Gesellschaft?

54. Wie wichtig ist Nachhaltigkeit in der Modeindustrie?
55. Wie hat sich die Einstellung der Menschen zu Kleidung im Laufe der Zeit verändert?
56. Wie beeinflussen Modedesignerinnen und Modedesigner die Modeindustrie und den Modetrend?
57. Wie wichtig ist es, dass Kleidung bequem und funktional ist?
58. Wie haben Modetrends und Kleidung die Art und Weise verändert, wie wir über Schönheit und Körperbild denken?
59. Wie wichtig sind Accessoires wie Schmuck und Taschen in der Modeindustrie?
60. Wie beeinflussen Modetrends und Kleidung die Art und Weise, wie wir uns selbst ausdrücken?
61. Wie wichtig sind traditionelle und kulturelle Kleidungsstile in der heutigen Modeindustrie?
62. Wie wichtig ist es, dass Kleidung fair produziert und gehandelt wird?

FASHION & CLOTHING · MODE & KLEIDUNG

63. Wie haben Modetrends und Kleidung die Art und Weise verändert, wie wir über Geschlechterrollen und Geschlechteridentität denken?
64. Wie haben Modetrends und Kleidung die Art und Weise verändert, wie wir über die Umwelt und Nachhaltigkeit denken?
65. Wie wichtig sind Modemagazine und Fashionblogs für die Modeindustrie?
66. Wie beeinflussen Modetrends und Kleidung unsere Konsumgewohnheiten?
67. Wie wichtig sind Designerkollektionen und Laufstegshows für die Modeindustrie?
68. Wie haben Modetrends und Kleidung die Art und Weise verändert, wie wir über soziale und kulturelle Normen denken?
69. Wie wichtig ist es, dass Kleidung unserer Persönlichkeit und unseren Werten entspricht?
70. Wie beeinflussen Modetrends und Kleidung unsere Selbstachtung und unser Selbstbewusstsein?

BOOKS & LITERATURE · BÜCHER & LITERATUR

1. Was ist dein Lieblingsbuch?
2. Wie oft liest du?
3. Bist du eher ein Fan von E-Books oder gedruckten Büchern?
4. Welches Buch hast du zuletzt gelesen?
5. Welches Buch würdest du jemandem empfehlen, der gerade mit dem Lesen begonnen hat?
6. Was ist dein Lieblingsgenre?
7. Welches Buch hat dich am meisten beeindruckt?
8. Welches Buch hat dich zum Lachen gebracht?
9. Welches Buch hat dich zum Weinen gebracht?
10. Hast du ein Buch auf Deutsch und Englisch gelesen?

BOOKS & LITERATURE · BÜCHER & LITERATUR

11. Was hältst du von Büchern über Liebesgeschichten?
12. Welches Buch hat dir am meisten geholfen, etwas Neues zu lernen?
13. Was hältst du von Büchern, die eine politische Botschaft haben?
14. Wie wichtig ist das Lesen für die persönliche Entwicklung und Bildung?
15. Wie hat sich die Literatur im Laufe der Jahre verändert?
16. Wie beeinflusst Literatur unsere Kultur und Gesellschaft?
17. Wie wichtig ist es, verschiedene Arten von Literatur zu lesen?
18. Wie haben sich die Lesegewohnheiten der Menschen im Laufe der Zeit verändert?
19. Wie beeinflussen Bücher und Literatur unsere Identität und Weltanschauung?
20. Wie wichtig sind Bücher und Literatur für die emotionale und mentale Gesundheit?

21. Wie haben Schriftstellerinnen und Schriftsteller die Literatur und unsere Gesellschaft beeinflusst?
22. Wie wichtig ist es, Bücher und Literatur in verschiedenen Sprachen zu lesen?
23. Wie beeinflussen Bücher und Literatur unsere Vorstellungskraft und Kreativität?
24. Wie wichtig ist es, Bücher und Literatur in Schulen und Bildungseinrichtungen zu unterrichten?
25. Wie haben Bücher und Literatur die Art und Weise verändert, wie wir über Geschichte und Gesellschaft denken?
26. Wie wichtig sind unabhängige Buchhandlungen und Verlage für die Literatur?
27. Wie haben E-Books und digitale Lesegeräte das Lesen und die Literatur beeinflusst?
28. Wie wichtig sind öffentliche Bibliotheken für den Zugang zu Büchern und Literatur?

BOOKS & LITERATURE · BÜCHER & LITERATUR

29. Wie beeinflussen Bücher und Literatur die Art und Weise, wie wir über politische und gesellschaftliche Fragen denken?
30. Wie wichtig sind Übersetzungen und die Arbeit von Übersetzerinnen und Übersetzern für die Literatur?
31. Wie haben Bücher und Literatur die Art und Weise verändert, wie wir über Liebe, Freundschaft und Beziehungen denken?
32. Wie wichtig sind Buchbesprechungen und Literaturkritiken für die Literatur?
33. Wie beeinflussen Bücher und Literatur die Art und Weise, wie wir über Umweltfragen und Nachhaltigkeit denken?
34. Wie wichtig sind Biografien und Memoiren in der Literatur?
35. Wie haben Bücher und Literatur die Art und Weise verändert, wie wir über Wissenschaft und Technologie denken?
36. Wie wichtig sind Klassiker und zeitgenössische Literatur in der Literaturkritik?

37. Wie haben Bücher und Literatur die Art und Weise verändert, wie wir über Kunst und Kultur denken?
38. Wie wichtig sind Lektüreempfehlungen und Leselisten für die Literatur?
39. Wie haben Bücher und Literatur die Art und Weise verändert, wie wir über Spiritualität und Philosophie denken?
40. Wie wichtig sind Lesungen und Buchvorstellungen für die Literatur?
41. Wie haben Bücher und Literatur die Art und Weise verändert, wie wir über Gleichberechtigung und soziale Gerechtigkeit denken?
42. Wie wichtig sind Literaturpreise und Auszeichnungen für die Literatur?
43. Wie haben Bücher und Literatur die Art und Weise verändert, wie wir über Identität und Geschlechterrollen denken?
44. Wie beeinflussen Bücher und Literatur unser Denken und unsere Entscheidungen im Alltag?

BOOKS & LITERATURE · BÜCHER & LITERATUR

45. Inwiefern können Bücher und Literatur uns helfen, unsere eigenen Emotionen und Erfahrungen zu verarbeiten?
46. Welche Rolle spielen Übersetzungen in der Verbreitung von Literatur und wie beeinflussen sie die Wahrnehmung von Werken in verschiedenen Kulturen?
47. Wie wichtig ist die Vielfalt von Stimmen und Perspektiven in der Literatur und wie können wir sicherstellen, dass sie gefördert und gehört werden?
48. Wie beeinflussen verschiedene Medien (z.B. E-Books, Hörbücher, Printmedien) unsere Erfahrung beim Lesen von Büchern und wie können wir sicherstellen, dass wir die Literatur auf eine angemessene Weise genießen und konsumieren?
49. Inwiefern können Literatur und Bücher zur Aufklärung und zum Verständnis von psychischen Erkrankungen und Mental Health beitragen?

50. Welchen Einfluss hat die Digitalisierung auf den Verkauf und die Verbreitung von Büchern und wie verändert sie die Art und Weise, wie wir sie konsumieren?
51. Wie können wir sicherstellen, dass die Literatur in unserer schnelllebigen Welt nicht in Vergessenheit gerät und weiterhin einen wichtigen Platz in unserer Kultur und Gesellschaft einnimmt?
52. Inwiefern können Bücher und Literatur uns dabei helfen, eine kritische Haltung gegenüber der Gesellschaft und den Strukturen, in denen wir leben, zu entwickeln?
53. Wie beeinflusst die zeitgenössische Literatur die Gesellschaft und die Art und Weise, wie wir über aktuelle Themen und Entwicklungen denken?
54. Welche Auswirkungen wird dies auf die Zukunft haben?

BOOKS & LITERATURE · BÜCHER & LITERATUR

55. Wie wichtig sind Bibliotheken für den Zugang zu Literatur und wie können wir sicherstellen, dass sie für alle zugänglich bleiben?
56. Wie kann man das Interesse an Lesen und Literatur bei Kindern und Jugendlichen fördern?
57. Wie wichtig sind Buchbesprechungen und Empfehlungen für die Verbreitung von Literatur und wie können wir sicherstellen, dass sie fair und unvoreingenommen sind?
58. Wie hat die Literatur im Laufe der Geschichte verschiedene gesellschaftliche Bewegungen beeinflusst und welche Rolle spielt sie bei der Veränderung von sozialen Normen und Werten?
59. Wie können wir sicherstellen, dass literarische Klassiker auch in der modernen Zeit relevant bleiben und von zukünftigen Generationen geschätzt werden?

60. Wie wichtig sind Buchumschläge und Cover-Designs für den Verkauf und die Verbreitung von Büchern?
61. Wie können wir sicherstellen, dass die Stimmen von Autoren und Autorinnen in der Literaturbranche gehört werden und ihre Werke ausreichend unterstützt und gefördert werden?
62. Wie beeinflussen literarische Preise und Auszeichnungen die Karriere von Autoren und Autorinnen und wie fair und repräsentativ sind sie?
63. Wie wichtig ist das Verständnis von kulturellen Unterschieden und Sprachen in der Literaturbranche und wie können wir sicherstellen, dass die Vielfalt von Stimmen und Perspektiven aus verschiedenen Ländern und Kulturen gefördert wird?

ART & CULTURE ·
KUNST & KULTUR

1. Was für Kunstwerke magst du am liebsten?
2. In welchem Museum warst du zuletzt und wie hat es dir gefallen?
3. Welche Kunstrichtungen interessieren dich am meisten?
4. Was hältst du von zeitgenössischer Kunst?
5. Was ist dein Eindruck von der deutschen Kunstszene?
6. Gibt es einen Künstler oder eine Künstlerin, dessen/deren Werk du bewunderst?
7. Welches deutsche Theaterstück hat dich am meisten beeindruckt?
8. Was ist deine Meinung zu deutschen Kinofilmen?
9. Was ist dein Eindruck von der deutschen Opernszene?

10. Was ist dein Lieblingsmusikstück von einem deutschen Komponisten/einer deutschen Komponistin?
11. Was ist deine Meinung zu deutschen Fernsehserien?
12. Was ist deine Meinung zu deutschen Architekturikonen wie dem Brandenburger Tor oder dem Kölner Dom?
13. Welche Ausstellung möchtest du gerne besuchen?
14. Was ist dein Eindruck von der deutschen Street Art-Szene?
15. Was ist dein Lieblingsmuseum außerhalb Deutschlands?
16. Was ist dein Lieblingskunstwerk von einem ausländischen Künstler/einer ausländischen Künstlerin?
17. Welches Kunstwerk hat dich zuletzt überrascht?
18. Was ist dein Eindruck von der deutschen Musikszene?
19. Was ist dein Lieblingsmuseum in Europa?

ART & CULTURE · KUNST & KULTUR

20. Was hältst du von Kunstprojekten im öffentlichen Raum?
21. Was ist dein Eindruck von der deutschen Designszene?
22. Welches deutsche Theaterstück möchtest du gerne sehen?
23. Was ist dein Lieblingsfilm von einem deutschen Regisseur/einer deutschen Regisseurin?
24. Was hältst du von der deutschen Theatertradition?
25. Was ist dein Lieblingsfoto von einem deutschen Fotografen/einer deutschen Fotografin?
26. Was ist dein Lieblingskunstwerk von einem deutschen Maler/einer deutschen Malerin?
27. Was ist dein Lieblingskunstwerk von einem deutschen Bildhauer/einer deutschen Bildhauerin?
28. Was ist dein Eindruck von der deutschen Kunstgeschichte?

29. Was hältst du von der deutschen Filmindustrie im Vergleich zu Hollywood?
30. Was ist dein Eindruck von der deutschen Fernsehlandschaft?
31. Was hältst du von deutschen Kulturveranstaltungen wie dem Oktoberfest oder dem Karneval/Fasching?
32. Was ist dein Lieblingsgedicht von einem deutschen Dichter/einer deutschen Dichterin?
33. Was ist dein Eindruck von der deutschen Literaturszene?
34. Was ist Kunst und warum ist sie wichtig?
35. Wie erstellen Künstler ihre Kunstwerke und welche Werkzeuge und Materialien verwenden sie?
36. An welche verschiedenen Arten von Kunst kannst du denken und wie unterscheiden sie sich voneinander?
37. Wie kann Kunst ausgedrückt werden und welche Gefühle können sie hervorrufen?

ART & CULTURE · KUNST & KULTUR

38. Kennst du einige berühmte Künstler aus der Vergangenheit und Gegenwart und was haben sie geschaffen?
39. Wie haben sich Kunst und Kultur im Laufe der Geschichte entwickelt und wie beeinflussen sie uns heute noch?
40. Was ist der Unterschied zwischen bildender Kunst, darstellender Kunst und Literatur?
41. Wie können Museen und Galerien dazu beitragen, Kunstwerke für die Öffentlichkeit zugänglicher zu machen?
42. Wie können Kinder ihre Kreativität durch Kunst ausdrücken und welche Vorteile hat das?
43. Was ist deine Lieblingskunstform und warum?
44. Wie können Kunst und Kultur dazu beitragen, verschiedene Kulturen und Gemeinschaften zu verbinden?
45. Was sind einige der bekanntesten Kunstwerke und Künstler aus deiner Region?

46. Wie hat die Technologie die Kunst- und Kulturbranche verändert?
47. Wie haben sich Kunst und Kultur im digitalen Zeitalter entwickelt?
48. Wie unterscheidet sich zeitgenössische Kunst von klassischer Kunst?
49. Was sind einige der bedeutendsten Kunstbewegungen der Geschichte und welche Auswirkungen haben sie auf die Kunstwelt gehabt?
50. Was sind einige der bekanntesten Kunstfestivals und -veranstaltungen weltweit?
51. Wie können wir Kunst und Kultur in unserer täglichen Routine integrieren?
52. Was sind einige der bekanntesten Theaterstücke oder Opern und warum sind sie so bekannt?
53. Was ist der Unterschied zwischen abstrakter und figurativer Kunst?

ART & CULTURE · KUNST & KULTUR

54. Was sind einige der wichtigsten Elemente eines Kunstwerks und wie können sie interpretiert werden?
55. Wie können wir Kunst als Werkzeug zur Reflexion und Selbstentwicklung nutzen?
56. Wie können Kunst und Kultur dazu beitragen, soziale Probleme und Fragen anzusprechen?
57. Was sind einige der bekanntesten literarischen Werke und Autoren und warum sind sie so bekannt?
58. Was sind einige der wichtigsten Arten von Musik und wie unterscheiden sie sich voneinander?
59. Wie kann man ein Kunstwerk kritisieren, ohne den Künstler zu verletzen?
60. Was sind einige der bekanntesten Museen und Galerien weltweit und was sind ihre bekanntesten Ausstellungen?
61. Was ist der Einfluss von Kunst und Kultur auf die Wirtschaft?

62. Was sind einige der bekanntesten Filmemacher und Filme und warum sind sie so bekannt?
63. Was sind einige der wichtigsten künstlerischen Bewegungen in deiner Region und wie haben sie die Kunst- und Kulturszene beeinflusst?

NATURE & THE ENVIRONMENT · NATUR & UMWELT

1. Wie denkst du, werden sich die klimatischen Bedingungen in deiner Heimatstadt in den nächsten 50 Jahren verändern?
2. Wie wichtig ist dir der Umweltschutz und welche Schritte unternimmst du persönlich, um die Umwelt zu schützen?
3. Was ist dein Lieblingstier und warum?
4. Was sind deiner Meinung nach die wichtigsten Umweltprobleme unserer Zeit?
5. Glaubst du, dass wir genug tun, um die Umwelt zu schützen? Wenn nicht, was sollten wir deiner Meinung nach tun?
6. Wie denkst du, können wir den Verlust von Tier- und Pflanzenarten verlangsamen oder stoppen?
7. Welche Auswirkungen hat der Klimawandel auf die Tierwelt?

8. Was ist dein Lieblingsplatz in der Natur, den du bereits besucht hast?
9. Was sind deiner Meinung nach die Auswirkungen von Umweltverschmutzung auf unsere Gesundheit?
10. Wie denkst du, können wir die Plastikverschmutzung in den Ozeanen stoppen?
11. Welche Rolle sollten Regierungen bei der Bekämpfung von Umweltproblemen spielen?
12. Was sind deiner Meinung nach die wichtigsten Gründe für den Verlust von Biodiversität?
13. Wie wichtig sind Naturschutzgebiete für den Schutz von Wildtieren?
14. Was sind deiner Meinung nach die wichtigsten Gründe für den Klimawandel?
15. Was können wir tun, um den Klimawandel zu bekämpfen?
16. Wie wichtig ist dir die Nachhaltigkeit im Alltag?

NATURE & THE ENVIRONMENT · NATUR & UMWELT

17. Was sind deiner Meinung nach die wichtigsten Maßnahmen, um die Luftverschmutzung zu reduzieren?
18. Wie können wir unsere Ressourcen schonen und den Energieverbrauch reduzieren?
19. Was sind deiner Meinung nach die wichtigsten Gründe für den Verlust von Wäldern und wie können wir sie schützen?
20. Wie wichtig ist es deiner Meinung nach, die Ozeane zu schützen?
21. Was denkst du, ist die beste Lösung für den Umgang mit radioaktiven Abfällen?
22. Wie denkst du, können wir den Wasserverbrauch reduzieren?
23. Was sind deiner Meinung nach die wichtigsten Gründe für die Abholzung des Regenwaldes?
24. Wie können wir die Verschmutzung von Boden und Grundwasser reduzieren?
25. Was ist deine Meinung zum Thema Gentechnik in der Landwirtschaft?

26. Was denkst du, sind die Auswirkungen von Umweltkatastrophen auf die Menschen?
27. Wie können wir die Nutzung erneuerbarer Energien fördern?
28. Was ist deine Meinung zur Jagd auf bedrohte Tierarten?
29. Wie wichtig ist deiner Meinung nach die Biodiversität für die Menschheit?
30. Was sind deiner Meinung nach die größten Herausforderungen im Zusammenhang mit der Umwelt?
31. Wie denkst du, können wir die Wüstenbildung stoppen?
32. Wie denkst du, kann man den Verbrauch von fossilen Brennstoffen reduzieren?
33. Welche Auswirkungen hat der Klimawandel auf die Landwirtschaft?
34. Was können wir tun, um die Verschmutzung von Flüssen und Seen zu reduzieren?
35. Wie wichtig ist der Schutz von bedrohten Tierarten und Pflanzen?

NATURE & THE ENVIRONMENT · NATUR & UMWELT

36. Was sind deiner Meinung nach die größten Umweltprobleme in Deutschland?
37. Wie können wir den Einsatz von Pestiziden in der Landwirtschaft reduzieren?
38. Wie wichtig ist es, den Müll richtig zu trennen und zu entsorgen?
39. Was sind deiner Meinung nach die wichtigsten Maßnahmen, um den Klimawandel aufzuhalten?
40. Wie denkst du, können wir die Luftqualität in Städten verbessern?
41. Was sind deiner Meinung nach die größten Herausforderungen im Zusammenhang mit dem Umweltschutz?
42. Wie wichtig sind Bienen für die Umwelt und welche Auswirkungen hat ihr Rückgang auf die Natur?
43. Was ist deine Meinung zum Thema Fleischkonsum und dessen Auswirkungen auf die Umwelt?

44. Wie können wir die Auswirkungen von Erdbeben, Tsunamis und anderen Naturkatastrophen reduzieren?
45. Wie denkst du, können wir den CO2-Ausstoß reduzieren?
46. Was ist deine Meinung zur Nutzung von Atomenergie?
47. Wie können wir den Einsatz von Plastik im Alltag reduzieren?
48. Was sind deiner Meinung nach die wichtigsten Gründe für die Überfischung der Meere und wie können wir sie stoppen?
49. Wie wichtig sind Nationalparks für den Umweltschutz?
50. Was denkst du, können wir tun, um die Auswirkungen des Klimawandels auf die Arktis zu reduzieren?
51. Wie können wir den Verbrauch von Einweg-Plastikprodukten reduzieren?
52. Was ist deine Meinung zum Thema Recycling?

NATURE & THE ENVIRONMENT · NATUR & UMWELT

53. Wie können wir den Verbrauch von Wasser reduzieren?
54. Was sind deiner Meinung nach die wichtigsten Maßnahmen, um den Artenschwund zu stoppen?
55. Wie wichtig sind Meeresströmungen für die Regulierung des Klimas?
56. Was denkst du, können wir tun, um die Auswirkungen des Klimawandels auf die tropischen Regenwälder zu reduzieren?
57. Wie können wir den Einsatz von Düngemitteln in der Landwirtschaft reduzieren?
58. Was sind deiner Meinung nach die größten Umweltprobleme auf globaler Ebene?
59. Wie können wir die Zusammenarbeit zwischen Ländern im Umweltschutz verbessern?

TECHNOLOGY · TECHNOLOGIE

1. Was ist deine Lieblings-Technologie und warum?
2. Was ist das Interessanteste, was du jemals über Technologie gelernt hast?
3. Wie können wir sicherstellen, dass wir uns nicht von Technologie abhängig machen?
4. Was sind einige der neuesten und coolsten Technologien, die du kennst?
5. Wie oft nutzt du das Internet pro Tag und denkst du, dass du es zu viel nutzt?
6. Welche Gewohnheiten hast du in Bezug auf die Verwendung von Technologie, die du gerne ändern würdest?
7. Wie oft nutzt du soziale Medien und wie denkst du, dass sich das auf deine Stimmung auswirkt?

TECHNOLOGY · TECHNOLOGIE

8. Wie verwaltest du deine Zeit, um sicherzustellen, dass du genug Zeit ohne Technologie verbringst?
9. Wie beeinflusst die Technologie deine Schlafgewohnheiten und wie könntest du dies verbessern?
10. Wie oft überprüfst du dein Smartphone und welche Auswirkungen hat das auf deine Produktivität?
11. Wie oft nutzt du Technologie, um dich zu entspannen, und welche Auswirkungen hat das auf deine körperliche und geistige Gesundheit?
12. Wie oft nutzt du Technologie, um mit deinen Freunden und deiner Familie in Kontakt zu bleiben, und welche Auswirkungen hat das auf deine Beziehungen?
13. Wie oft nutzt du Technologie, um Nachrichten zu lesen oder zu hören, und wie beeinflusst das deine Meinungen?
14. Wie oft nutzt du Technologie, um deine Freizeit zu verbringen, und welche anderen Aktivitäten würdest du gerne ausprobieren?

15. Wie hat sich die Technologie in den letzten 10 Jahren verändert?
16. Was sind die Vor- und Nachteile der Verwendung von Tablets und Smartphones?
17. Wie können wir sicherstellen, dass wir uns angemessen von Technologiepausen erholen?
18. Wie können wir sicherstellen, dass wir sicher online bleiben, wenn wir das Internet nutzen?
19. Was ist dein Lieblings-Computerspiel und was gefällt dir daran am meisten?
20. Wie hat die Technologie die Art und Weise verändert, wie wir lernen?
21. Was sind die Vorteile von Robotern und wie werden sie in der Zukunft eingesetzt?
22. Wie können wir uns auf die Verwendung neuer Technologien vorbereiten?
23. Was ist dein Traum-Technologiegerät und wie würde es aussehen?
24. Wie hat Technologie unser Leben verändert?

25. Wie sehr vertraust du der Technologie und welche Rolle spielt das in deinem Leben?
26. Welche Technologie hast du im Alltag bisher nicht genutzt, aber würdest du gerne ausprobieren?
27. Wie denkst du über die Entwicklung von Robotern, die menschenähnliche Fähigkeiten besitzen?
28. Welche Technologie hast du in deinem Leben genutzt, die dich wirklich überrascht hat?
29. Was sind deiner Meinung nach die Vor- und Nachteile der zunehmenden Digitalisierung unseres Lebens?
30. Welche Technologie hat das größte Potenzial, um unser Leben in Zukunft positiv zu verändern?
31. Wie denkst du über die Entwicklung von selbstheilender Technologie, beispielsweise in der Elektronik?

32. Wie hat sich die Art und Weise verändert, wie du mit anderen Menschen dank der sozialen Medien und der Technologie interagierst?
33. Welche Technologie findest du beängstigend und warum?
34. Wie wird sich deiner Meinung nach die Technologie in den nächsten 10 Jahren verändern?
35. Wie beeinflusst die Technologie die Art und Weise, wie wir lernen, arbeiten und leben?
36. Welche neuen Technologien haben deiner Meinung nach das Potenzial, die Art und Weise zu verändern, wie wir mit der Welt interagieren?
37. Welche Technologie hat sich als größter Durchbruch in deinem Leben erwiesen?
38. Wie denkst du über die Verwendung von Drohnen in der Logistik und was sind mögliche Vor- und Nachteile?
39. Welche Technologie wird deiner Meinung nach das Potenzial haben, unseren Planeten zu retten?

TECHNOLOGY · TECHNOLOGIE

40. Wie denkst du über den Einsatz von künstlicher Intelligenz in der Medizin und welche Chancen und Risiken siehst du dabei?
41. Welche Rolle spielt Technologie bei der Lösung globaler Probleme wie Klimawandel oder Ressourcenknappheit?
42. Welche Technologie findest du am erstaunlichsten und warum?
43. Wie denkst du über die Entwicklungen in der Virtual-Reality-Technologie und welche Auswirkungen siehst du auf die Zukunft von Gaming und Unterhaltung?
44. Wie denkst du über die Verwendung von Robotik in der Produktion und welche Auswirkungen hat das auf Arbeitsplätze und die Wirtschaft?
45. Welche Technologie hat deiner Meinung nach das Potenzial, die Art und Weise zu verändern, wie wir reisen?

46. Wie denkst du über die zunehmende Verwendung von autonomen Fahrzeugen und welche Auswirkungen siehst du auf die Verkehrssicherheit und den Straßenverkehr?
47. Wie denkst du über die Verwendung von 3D-Druck in der Herstellung von Produkten und welche Chancen und Risiken siehst du dabei?
48. Wie denkst du über die Entwicklung von Wearables, wie Smartwatches und Fitness-Tracker, und welche Vorteile siehst du dabei?
49. Wie denkst du über die Entwicklung von Smart Homes und welche Auswirkungen siehst du auf unser tägliches Leben?
50. Welche Technologie nutzt du täglich und welche Auswirkungen hat sie auf dein Leben?
51. Wie sehr verlässt du dich auf Technologie, um deinen Alltag zu bewältigen?
52. Welche Technologie hat sich als besonders nützlich für dich erwiesen und warum?

53. Welche Technologie hat das Potenzial, das Leben von Menschen in ärmeren Ländern zu verbessern?
54. Wie denkst du über die zunehmende Macht großer Technologieunternehmen?
55. Welche Technologie hat das Potenzial, die Art und Weise zu verändern, wie wir Energie produzieren und nutzen?
56. Welche Rolle spielen Social-Media-Plattformen bei der Verbreitung von Falschinformationen und wie sollten wir damit umgehen?
57. Wie denkst du über die zunehmende Überwachung durch Technologie und welche Auswirkungen hat sie auf unsere Privatsphäre?
58. Wie sollten wir mit der zunehmenden Abhängigkeit von Technologie in der Gesellschaft umgehen?

EDUCATION · AUSBILDUNG

1. Wie oft lernst du pro Woche und denkst du, dass du genug Zeit dafür aufwendest?
2. Wie organisiert und strukturiert bist du, wenn es darum geht, dein Lernen zu planen und zu verwalten?
3. Wie nutzt du verschiedene Lernressourcen, wie Bücher, Online-Kurse oder Apps, um dein Wissen zu erweitern?
4. Wie wichtig ist dir die Zusammenarbeit mit anderen, um gemeinsam zu lernen und dich zu verbessern?
5. Wie oft setzt du dir Lernziele und wie beeinflusst das deine Motivation, zu lernen?
6. Wie beeinflussen digitale Medien und Technologien deine Art zu lernen und welche Vor- und Nachteile gibt es dabei?

EDUCATION · AUSBILDUNG

7. Wie wichtig ist dir die Vermittlung von kreativen Fähigkeiten und wie fördern Schulen und Lehrer diese?
8. Wie wichtig ist es, eine breite Allgemeinbildung zu haben und welche Fächer sollten in der Schule betont werden?
9. Wie wichtig sind interdisziplinäre Ansätze in der Bildung und wie werden diese in deiner Schule gefördert?
10. Wie wichtig ist dir, dass du dein Wissen in der Praxis anwenden und umsetzen kannst, und welche Erfahrungen hast du damit gemacht?
11. Was ist dein Lieblingsfach in der Schule und warum?
12. Wie gehst du damit um, wenn du Schwierigkeiten in der Schule hast?
13. Was ist das Interessanteste, das du jemals in der Schule gelernt hast?
14. Wie kannst du dein Gedächtnis verbessern, um dir mehr Dinge merken zu können?

15. Wie kannst du am besten lernen, wenn du unter Stress stehst?
16. Wie motivierst du dich selbst, wenn du keine Lust zum Lernen hast?
17. Was sind einige der besten Möglichkeiten, um neue Wörter und Sprachen zu lernen?
18. Wie sollten Schulen Kinder auf die Bedeutung von körperlicher und geistiger Gesundheit hinweisen?
19. Was sind einige der Vorteile von Gruppenprojekten in der Schule?
20. Wie können Eltern und Lehrer helfen, das Interesse von Kindern an der Bildung zu fördern?
21. Was sind einige der besten Möglichkeiten, um dein Wissen über Geschichte und Kultur zu erweitern?
22. Wie können Schulen Kindern beibringen, kritisch und unabhängig zu denken?
23. Wie wichtig ist es, dass Schulen die Natur und Umwelt in ihre Lehrpläne aufnehmen?

EDUCATION · AUSBILDUNG

24. Welches war das schwerste Fach für dich in der Schule und wie bist du damit umgegangen?
25. Wie können Schulen ihre Schülerinnen und Schüler auf das Leben nach der Schule vorbereiten?
26. Was sind die Vorteile von praktischen Erfahrungen im Vergleich zu reinem Theorieunterricht?
27. Wie wichtig ist es, dass Schulen ihre Schülerinnen und Schüler auf die Anforderungen der modernen Arbeitswelt vorbereiten?
28. Wie können Schulen ihre Schülerinnen und Schüler auf die Herausforderungen des globalen Wettbewerbs vorbereiten?
29. Wie können Schulen Kindern beibringen, die Bedeutung von Diversität zu verstehen?
30. Was sind einige der besten Möglichkeiten, um deine beruflichen Fähigkeiten und Kenntnisse zu verbessern?

31. Welches Fach hast du am meisten genossen und warum?
32. Wie funktioniert das deutsche Bildungssystem und welche Vorteile und welche Nachteile hat es im Vergleich zu deinem Land?
33. Was sind die wichtigsten Merkmale des deutschen Schulsystems, die es auszeichnen?
34. Wie unterscheiden sich die verschiedenen Schulformen im deutschen Bildungssystem, wie zum Beispiel Grundschule, Hauptschule, Realschule, Gymnasium oder Berufsschule?
35. Wie hast du angefangen, Deutsch zu lernen, und was hat dich dazu motiviert?
36. Was sind einige der größten Herausforderungen, die du beim Deutschlernen erlebt hast?
37. Wie oft hast du Deutschunterricht genommen und welche Lernmethoden haben dir dabei am besten geholfen?

EDUCATION · AUSBILDUNG

38. Wie wichtig sind Gespräche und Interaktionen mit Muttersprachlern beim Deutschlernen?
39. Welche Rolle spielen Sprachreisen und Auslandsaufenthalte beim Deutschlernen?
40. Was sind einige der besten Ressourcen, die dir beim Deutschlernen geholfen haben, wie zum Beispiel Bücher, Filme, Musik oder Apps?
41. Wie wichtig ist die Grammatik beim Deutschlernen und wie gehst du damit um?
42. Wie wichtig ist die Aussprache beim Deutschlernen und wie übst du sie?
43. Was sind einige der Vorteile des Deutschlernens, wie zum Beispiel die Möglichkeit, in Deutschland zu studieren oder zu arbeiten?
44. Wie wichtig ist es, regelmäßig Deutsch zu sprechen und zu üben, um deine Sprachkenntnisse zu verbessern?

HEALTH & FITNESS · GESUNDHEIT & FITNESS

1. Was machst du, um fit zu bleiben?
2. Wie oft treibst du Sport?
3. Was ist dein Lieblingssport?
4. Welche Sportart würdest du gerne ausprobieren?
5. Was sind deine Ziele beim Sport?
6. Wie wichtig ist es dir, gesund zu leben?
7. Wie oft isst du Gemüse und Obst?
8. Was isst du am liebsten zum Frühstück?
9. Wie viel Wasser trinkst du am Tag?
10. Wie viel Schlaf brauchst du, um dich ausgeruht zu fühlen?
11. Hast du schon mal eine Diät ausprobiert? Wenn ja, welche?
12. Wie gehst du mit Stress um?
13. Was machst du, um dich zu entspannen?

14. Hast du schon einmal Yoga gemacht? Wie war deine Erfahrung?
15. Was hältst du von Meditation?
16. Was sind deine Gedanken zum Thema Fasten?
17. Wie wichtig findest du es, sich regelmäßig zu bewegen?
18. Was sind deine Erfahrungen mit Laufen?
19. Wie wichtig ist es für dich, ein gesundes Gewicht zu haben?
20. Wie gehst du mit Verletzungen um, die du beim Sport bekommen hast?
21. Was hältst du von Fitness-Apps und Wearables?
22. Wie motivierst du dich, um regelmäßig Sport zu treiben?
23. Was sind deine Lieblings-Übungen im Fitnessstudio?
24. Welche Rolle spielt Ernährung bei deiner Fitnessroutine?
25. Wie wichtig ist es für dich, dich ausreichend zu dehnen?

26. Was machst du, um deine Muskeln zu stärken?
27. Was sind deine Lieblings-Übungen für den Bauch?
28. Was hältst du von Gruppen/Teamsportarten?
29. Wie wichtig findest du es, auch im Alter fit zu bleiben?
30. Wie oft gehst du spazieren?
31. Was hältst du von schwimmen als Sport?
32. Was hältst du von Krafttraining?
33. Wie wichtig ist es für dich, regelmäßig Cardio-Übungen zu machen?
34. Was sind deine Erfahrungen mit Fahrradfahren als Sport?
35. Was sind deine Gedanken zum Thema Stretching?
36. Was hältst du von Crossfit?
37. Wie wichtig ist es für dich, auch im Büroalltag in Bewegung zu bleiben?
38. Was sind deine Gedanken zum Thema Kalorienzählen?

HEALTH & FITNESS · GESUNDHEIT & FITNESS

39. Wie wichtig findest du es, ausreichend Zeit für deine Fitnessroutine zu haben?
40. Was sind deine Gedanken zum Thema Körperpflege?
41. Was hältst du von Saunabesuchen?
42. Wie wichtig findest du es, auch im Urlaub fit zu bleiben?
43. Was sind deine Erfahrungen mit Rudern als Sport?
44. Was sind deine Gedanken zum Thema Muskelkater?
45. Was hältst du von Tanzen als Sport?
46. Wie wichtig findest du es, auch im Winter aktiv zu bleiben?
47. Was sind deine Gedanken zum Thema Ernährungsberatung?
48. Was hältst du von Fußball als Sport?
49. Wie wichtig ist es für dich, auch im Alltag in Bewegung zu bleiben?
50. Wie wichtig findest du es, auch bei schlechtem Wetter Sport zu treiben?

51. Was sind deine Erfahrungen mit Basketball als Sport?
52. Was sind deine Gedanken zum Thema Ernährungsergänzungsmittel?
53. Was hältst du von Wandern als Sport?
54. Wie wichtig findest du es, auch im Sommer aktiv zu bleiben?
55. Was sind deine Gedanken zum Thema Körperliche Grenzen?
56. Was hältst du von Leichtathletik als Sport?
57. Wie wichtig findest du es, ein gesundes Verhältnis zum eigenen Körper zu haben?

POLITICS ·
POLITIK

1. Interessierst du dich für Politik?
2. Was ist dein politisches Weltbild?
3. Welche politische Partei unterstützt du und warum?
4. Was ist deine Meinung zu aktuellen politischen Themen?
5. Was hältst du von der aktuellen Regierung?
6. Wie wichtig ist es für dich, bei Wahlen teilzunehmen?
7. Was denkst du über die Europäische Union?
8. Wie siehst du die Rolle von Deutschland in der Welt?
9. Wie wichtig sind dir Themen wie Umweltschutz und Nachhaltigkeit in der Politik?
10. Was ist deine Meinung zur aktuellen Flüchtlingspolitik?

11. Wie siehst du das Thema Gleichberechtigung in der Politik?
12. Was ist deine Meinung zu Demokratie und Meinungsfreiheit?
13. Wie wichtig ist es für dich, sich politisch zu engagieren?
14. Wie denkst du über die Rolle von Social Media in der politischen Diskussion?
15. Was hältst du von der aktuellen Bildungspolitik?
16. Was ist deine Meinung zur aktuellen Rentenpolitik?
17. Wie wichtig ist es für dich, über politische Themen informiert zu sein?
18. Was hältst du von politischen Möglichkeit zur Mitentscheidung wie Petitionen oder Bürgerbegehren?
19. Was ist deine Meinung zur aktuellen Gesundheitspolitik?
20. Wie wichtig sind dir Themen wie Integration und Vielfalt in der Politik?

POLITICS · POLITIK

21. Was denkst du über die Rolle der Medien in der politischen Berichterstattung?
22. Was ist deine Meinung zum Thema Steuern und Finanzen?
23. Wie wichtig ist es für dich, eine unabhängige Justiz zu haben?
24. Was hältst du von politischen Protesten und Demonstrationen?
25. Was ist deine Meinung zur aktuellen Außenpolitik?
26. Wie siehst du das Thema Klimawandel und Energiepolitik in der Politik?
27. Was ist deine Meinung zur aktuellen Arbeitsmarktpolitik?
28. Wie wichtig ist es für dich, dass Politiker*innen transparent und ehrlich sind?
29. Was hältst du von politischer Satire und Kabarett?
30. Was ist deine Meinung zur aktuellen Migrationspolitik?
31. Wie siehst du die Rolle von Lobbyismus in der Politik?

32. Was ist deine Meinung zum Thema Datenschutz und Überwachung?
33. Wie wichtig ist es für dich, dass politische Entscheidungen die Bedürfnisse der Menschen berücksichtigen?
34. Was hältst du von politischer Werbung?
35. Was ist deine Meinung zur aktuellen Familienpolitik?
36. Wie siehst du das Thema Digitalisierung in der Politik?
37. Was ist deine Meinung zur aktuellen Sicherheitspolitik?
38. Wie wichtig ist es für dich, dass politische Entscheidungen international koordiniert werden?
39. Was hältst du von politischen Umfragen und Meinungsforschung?
40. Was ist deine Meinung zur aktuellen Verkehrspolitik?
41. Wie siehst du die Rolle von Bürgerinitiativen in der Politik?

42. Was ist deine Meinung zum Thema Krieg und Frieden?
43. Wie wichtig ist es für dich, dass politische Entscheidungen wissenschaftlich fundiert sind?
44. Was hältst du von politischen Skandalen und Korruption?
45. Was ist deine Meinung zur aktuellen Steuerpolitik?
46. Was ist deine Meinung zur aktuellen Drogenpolitik?
47. Wie wichtig ist es für dich, dass politische Entscheidungen auf langfristige Ziele ausgerichtet sind?
48. Was hältst du von politischen Talkshows und Diskussionen im Fernsehen?
49. Was ist deine Meinung zum Thema Waffenrecht und Sicherheit?
50. Wie siehst du die Rolle von Nichtregierungsorganisationen (NGOs) in der Politik?

51. Was ist deine Meinung zur aktuellen Wohnungs- und Baupolitik?
52. Wie wichtig ist es für dich, dass politische Entscheidungen auf wissenschaftlichen Fakten basieren?
53. Was hältst du von politischer Werbung in den sozialen Medien?
54. Was ist deine Meinung zur aktuellen Klimapolitik?
55. Wie siehst du das Thema Tierschutz in der Politik?
56. Was ist deine Meinung zur aktuellen Bildungspolitik?
57. Wie wichtig ist es für dich, dass politische Entscheidungen die sozialen Auswirkungen berücksichtigen?
58. Was hältst du von politischen Volksabstimmungen?
59. Was ist deine Meinung zur aktuellen Arbeitszeitpolitik?

GERMAN CULTURE & TRADITIONS · DEUTSCHE KULTUR & TRADITIONEN

1. Was ist für dich das Besondere an der deutschen Kultur?
2. Welche deutschen Traditionen kennst du schon und welche würdest du gerne kennenlernen?
3. Welche typisch deutschen Gerichte hast du schon probiert und welche würdest du gerne ausprobieren?
4. Welche Orte in Deutschland würdest du gerne besuchen und warum?
5. Wie hat die deutsche Kultur deiner Meinung nach andere Länder beeinflusst?
6. Wie denkst du über den deutschen Nationalstolz und wie zeigt er sich in der Kultur?
7. Welche deutschen Traditionen findest du am interessantesten?

8. Was ist dein deutsches Lieblingsgetränk und warum?
9. Welche deutschen Städte interessieren dich und warum?
10. Was denkst du über die deutsche Film- und Musikindustrie und welche Künstler kennst du?
11. Wie findest du das deutsche Schulsystem und wie unterscheidet es sich von anderen Ländern?
12. Was sind deine Gedanken zur deutschen Sprache und den verschiedenen Dialekten?
13. Welche deutschen Feiertage kennst du und welche sind deine Favoriten?
14. Wie siehst du die deutsche Kunst- und Literaturszene und kennst du besondere Werke oder Künstler?
15. Welche Handwerkskunst in Deutschland findest du besonders beeindruckend?
16. Was weißt du über die deutsche Geschichte und welche historischen Orte würdest du gerne besuchen?

17. Was sind typische deutsche Kleidungsstücke und wo werden sie getragen?
18. Welche deutschen Werte sind dir bekannt und wie zeigen sie sich im Alltag?
19. Welche deutschen Museen würdest du gerne besuchen und welche Ausstellungen interessieren dich besonders?
20. Welche typischen Freizeitaktivitäten gibt es in Deutschland und welche hast du schon ausprobiert?
21. Wie findest du den deutschen Umgang mit Traditionen und Modernität?
22. Wie siehst du das Thema deutscher Patriotismus und welche Formen des Ausdrucks gibt es?
23. Welche typisch deutschen Sehenswürdigkeiten kennst du und welche würdest du gerne besuchen?
24. Was ist deine Meinung zur deutschen Architektur und welchen Baustilen begegnet man in Deutschland?

25. Welche typischen Handwerkskünste in Deutschland kennst du und welche interessieren dich besonders?
26. Welche deutschen Feiertage sind dir bekannt und welche Bedeutung haben sie?
27. Welche typischen Sportarten gibt es in Deutschland und welche hast du schon ausprobiert oder gesehen?
28. Welche deutschen Musiker oder Bands kennst du und welche Musikgenres sind in Deutschland beliebt?
29. Wie siehst du das deutsche Gesundheits- und Sozialsystem im Vergleich zu anderen Ländern?
30. Wie charakterisierst du die deutsche Mentalität und welches Klischee trifft deiner Meinung nach zu?
31. Welche typischen Spiele und Hobbys gibt es in Deutschland und welche hast du schon ausprobiert?
32. Welche deutschen Gerichte kennst du und welche solltest du auf jeden Fall ausprobieren?

33. Wie wichtig ist dir die deutsche Umwelt- und Klimapolitik und welche Maßnahmen wurden in Deutschland bereits ergriffen?
34. Welche typischen Berufe gibt es in Deutschland und welche haben eine lange Tradition?
35. Welche deutschen Schauspieler oder Regisseure kennst du und welche Filme oder Serien sollten sich Deutsche aus deinem Herkunftsland ansehen?
36. Wie findest du den deutschen Umgang mit sozialen Fragen und Gerechtigkeit im Vergleich zu anderen Ländern?
37. Welche typischen Tierarten oder -rassen gibt es in Deutschland und wie spielen sie eine Rolle in der Kultur?
38. Wie siehst du die deutsche Wirtschaft und Technologie im internationalen Kontext und welche bekannten Unternehmen kommen aus Deutschland?
39. Welche typischen Nachnamen gibt es in Deutschland und was sagen sie über die Herkunft aus?

40. Was ist deine Meinung zur deutschen Mode und zum Design und welche Designer oder Marken sind dir bekannt?
41. Wie wichtig sind dir deutsche Bildungsinstitutionen wie Universitäten und Forschungseinrichtungen im internationalen Vergleich?
42. Welche typischen Bräuche gibt es in Deutschland, die du noch nicht kennst?
43. Welche typischen Kunsthandwerke gibt es in Deutschland und welche interessieren dich?
44. Was sind typische deutsche Rituale und Feste?
45. Welche typischen deutschen Gebäude oder Monumente kennst du und welche findest du besonders beeindruckend?
46. Wie wichtig ist dir die deutsche Natur und Landschaft und welche Orte oder Regionen würdest du gerne besuchen?
47. Wie siehst du den deutschen Umgang mit Religion und Kirche?

48. Welche typischen Arbeitsbedingungen und Arbeitskulturen gibt es in Deutschland und wie unterscheiden sie sich von anderen Ländern?
49. Welche typischen deutschen Redewendungen und Sprichwörter kennst du und welche Bedeutung haben sie?
50. Wie siehst du die deutsche Medienlandschaft und welche Zeitungen, Magazine oder Sender sind dir bekannt?
51. Was sind typische deutsche Einrichtungsgegenstände und Wohnstile und wie spiegeln sie die Kultur wider?
52. Welche typischen deutschen Spiele oder Spielzeuge kennst du und welche haben eine lange Tradition?
53. Wie wichtig ist dir die deutsche Forschung und Innovation und welche Erfindungen kommen aus Deutschland?
54. Welche typischen deutschen Landschaften oder Naturphänomene kennst du und welche sind besonders sehenswert?

55. Wie siehst du die Rolle von deutschen Städten in der Geschichte und welche historischen Städte kennst du?
56. Was sind typische deutsche Gepflogenheiten im Alltag und welche Unterschiede zu anderen Kulturen gibt es?
57. Wie wichtig ist dir die deutsche Kunstszene und welche Künstler oder Stilrichtungen sind dir bekannt?
58. Welche typischen deutschen Transportmittel gibt es und wie unterscheiden sie sich von anderen Ländern?
59. Wie siehst du die Rolle von deutscher Musik und Tanz in der Kultur und welche Traditionen gibt es?
60. Was sind typische deutsche Technologien und Erfindungen und welche haben einen Einfluss auf dein Leben?

GERMAN HISTORY · DEUTSCHE GESCHICHTE

1. Wann wurde Deutschland offiziell als Land gegründet?
2. Welches Ereignis in der deutschen Geschichte findest du besonders interessant und warum?
3. Wie denkst du darüber, welche Rolle Deutschland in der Weltgeschichte gespielt hat?
4. Welches historische Ereignis in Deutschland hat deiner Meinung nach die größte Auswirkung auf die heutige Gesellschaft?
5. Wie denkst du über die Entwicklung des politischen Systems in Deutschland im Laufe der Geschichte?
6. Wie wichtig ist es deiner Meinung nach, die deutsche Geschichte zu kennen und warum?

7. Wie siehst du die Rolle Deutschlands in der europäischen Geschichte und welches Ereignis hat die europäische Geschichte am stärksten beeinflusst?
8. Welches historische Ereignis in Deutschland findest du am schwierigsten zu verstehen und warum?
9. Wie denkst du über die Auswirkungen der deutschen Wiedervereinigung auf das heutige Deutschland?
10. Wie wichtig ist es deiner Meinung nach, die positiven und negativen Aspekte der deutschen Geschichte zu diskutieren und warum?
11. Wie siehst du die deutsche Geschichte im internationalen Kontext und welche Bedeutung hat sie für die Weltgeschichte?
12. Wie hat die deutsche Geschichte das Verhältnis zwischen Deutschland und seinen Nachbarländern geprägt?

GERMAN HISTORY · DEUTSCHE GESCHICHTE

13. Wie hat die deutsche Geschichte das Verhältnis zwischen Deutschland und anderen Ländern in Europa und der Welt beeinflusst?
14. Wie hat sich die Rolle Deutschlands in der Weltgeschichte im Laufe der Zeit verändert?
15. Wie hat die deutsche Geschichte die Wirtschaft und Industrie in Deutschland geprägt?
16. Welches historische Ereignis in Deutschland findest du am beeindruckendsten und warum?
17. Wie hat die deutsche Geschichte die Beziehungen zwischen den verschiedenen sozialen Gruppen in Deutschland beeinflusst?
18. Welche historische Persönlichkeit Deutschlands bewunderst du am meisten und warum?
19. Wie hat sich das Leben der Menschen in Deutschland im Laufe der Geschichte verändert?

20. Wie denkst du über die deutsche Rolle im Ersten Weltkrieg und im Zweiten Weltkrieg?
21. Wie hat die deutsche Geschichte die Wissenschaft und Technologie in Deutschland beeinflusst?
22. Wie hat die deutsche Geschichte die Kunst und Kultur in Deutschland geprägt?
23. Wie hat sich die Beziehung zwischen Religion und Staat in Deutschland im Laufe der Geschichte verändert?
24. Wie hat die deutsche Geschichte die Beziehungen zwischen Deutschland und den USA geprägt?
25. Wie hat sich die Beziehung zwischen Deutschland und seinen Nachbarländern im Laufe der Geschichte verändert?
26. Wie hat die deutsche Geschichte die Beziehung zwischen Deutschland und der Europäischen Union geprägt?
27. Wie denkst du über die deutsche Rolle im Kalten Krieg und im Mauerfall?
28. Wie hat sich die deutsche Identität im Laufe der Geschichte entwickelt?

GERMAN HISTORY · DEUTSCHE GESCHICHTE

29. Wie hat die deutsche Geschichte die deutsche Sprache und Kultur geprägt?
30. Wie hat sich die Beziehung zwischen Deutschland und Russland im Laufe der Geschichte verändert?
31. Wie hat die deutsche Geschichte die deutsche Außenpolitik geprägt?
32. Was denkst du über die Menschen, die vor vielen Jahren in Deutschland lebten?
33. Welche historischen Orte oder Gebäude kennst du in deiner Stadt oder deiner Region?
34. Wie haben sich die Kleidung und der Stil der Menschen in Deutschland im Laufe der Geschichte verändert?
35. Was sind einige der wichtigsten Erfindungen und Entdeckungen, die in Deutschland gemacht wurden?
36. Welche historischen Persönlichkeiten aus Deutschland kennst du?
37. Wie haben sich die Essenstraditionen in Deutschland im Laufe der Geschichte verändert?

38. Welche historischen Ereignisse in Deutschland haben die Welt beeinflusst?
39. Welche historischen Ereignisse in Deutschland findest du am interessantesten und warum?
40. Wie haben sich die Häuser und Gebäude in Deutschland im Laufe der Geschichte verändert?
41. Was waren einige der wichtigsten Ereignisse in der deutschen Geschichte, als deine Eltern oder Großeltern aufgewachsen sind?
42. Wie hat sich die deutsche Sprache im Laufe der Geschichte verändert?
43. Was sind einige der berühmtesten Märchen und Geschichten, die aus Deutschland stammen?
44. Wie haben sich die Spielzeuge und Spiele, die Kinder in Deutschland gespielt haben, im Laufe der Geschichte verändert?
45. Welche historischen Ereignisse in Deutschland haben Kunst und Musik beeinflusst?

GERMAN HISTORY · DEUTSCHE GESCHICHTE

46. Was denkst du über die Bedeutung der deutschen Geschichte und warum ist es wichtig, darüber zu lernen?
47. Welches ist dein Lieblingsmuseum in Deutschland und warum?
48. Was sind einige der bekanntesten Museen in Deutschland?
49. Welches ist das älteste Museum in Deutschland?
50. Welches Museum in Deutschland ist am besten für Kinder geeignet?
51. Wie haben sich die deutschen Museen im Laufe der Geschichte entwickelt?
52. Welches Museum in Deutschland ist für seine Kunstsammlungen bekannt?
53. Was sind einige der ungewöhnlichsten Museen in Deutschland?
54. Welche Ausstellungen hast du in deutschen Museen besucht und welche hat dir am besten gefallen?
55. Wie wichtig sind Museen in Deutschland für die Bildung und Kultur?

BUSINESS · WIRTSCHAFT

1. Was bedeutet "Unternehmertum" für dich?
2. Welche Qualitäten braucht man, um ein erfolgreicher Unternehmer zu sein?
3. Welches ist dein Lieblingsunternehmen und warum?
4. Was sind einige der größten Herausforderungen, denen sich Unternehmer heute gegenübersehen?
5. Glaubst du, dass Innovation notwendig ist, um ein erfolgreiches Unternehmen aufzubauen?
6. Was ist dein Traumjob und wie würdest du ein Unternehmen darauf aufbauen?
7. Welche Eigenschaften machen ein erfolgreiches Unternehmen aus?
8. Glaubst du, dass eine gute Geschäftsidee ausreicht, um ein erfolgreiches Unternehmen aufzubauen?

BUSINESS · WIRTSCHAFT

9. Welches sind einige der wichtigsten Fähigkeiten, die ein erfolgreicher Unternehmer haben sollte?
10. Was sind die Vorteile und Nachteile der Gründung eines eigenen Unternehmens?
11. Was ist der Unterschied zwischen einem Unternehmer und einem Manager?
12. Wie wichtig ist Marketing, um ein Unternehmen aufzubauen?
13. Glaubst du, dass der technologische Fortschritt ein wichtiger Faktor für den Erfolg eines Unternehmens ist?
14. Was sind einige der größten Risiken bei der Gründung eines eigenen Unternehmens?
15. Wie wichtig sind Finanzen bei der Gründung eines Unternehmens?
16. Was sind einige der besten Ratschläge, die du einem neuen Unternehmer geben würdest?
17. Welche Tools und Ressourcen stehen Unternehmern zur Verfügung, um ihr Unternehmen aufzubauen?

18. Was sind einige der wichtigsten Trends im Bereich Unternehmertum und Business heute?
19. Welche Rolle spielen Ethik und Verantwortung bei der Gründung und dem Betrieb eines Unternehmens?
20. Glaubst du, dass Unternehmer eine gesellschaftliche Verantwortung haben?
21. Wie wichtig ist die Zusammenarbeit mit anderen Unternehmen, um ein erfolgreiches Unternehmen aufzubauen?
22. Was sind einige der wichtigsten Erfolgsfaktoren für ein Startup-Unternehmen?
23. Welche Rolle spielt das Internet im Bereich Unternehmertum und Business heute?
24. Was sind einige der besten Möglichkeiten, um ein Netzwerk von Kontakten aufzubauen, wenn man ein Unternehmen gründen möchte?
25. Wie wichtig sind Soft Skills wie Kommunikation und Führungsfähigkeiten für einen Unternehmer?

BUSINESS · WIRTSCHAFT

26. Welche Rolle spielen Kreativität und Design bei der Entwicklung eines erfolgreichen Produkts oder Dienstleistung?
27. Wie wichtig ist die Branchenkenntnis bei der Gründung eines Unternehmens?
28. Was sind einige der besten Möglichkeiten, um eine neue Geschäftsidee zu finden?
29. Wie wichtig ist es, eine klare Vision für das Unternehmen zu haben, das man aufbauen möchte?
30. Glaubst du, dass es schwieriger ist, ein Unternehmen in einer wettbewerbsintensiven Branche zu gründen?
31. Was sind einige der besten Tools und Ressourcen, um ein Unternehmen effektiv zu verwalten?
32. Wie wichtig ist es, ein Team von talentierten Mitarbeitern aufzubauen, um ein erfolgreiches Unternehmen zu gründen?
33. Wie wichtig ist es, sich auf eine Nische oder spezifische Zielgruppe zu konzentrieren, um ein erfolgreiches Unternehmen aufzubauen?

34. Glaubst du, dass eine gute Idee ausreicht, um ein erfolgreiches Unternehmen aufzubauen, oder ist auch ein gutes Timing wichtig?
35. Welche Art von Finanzierung ist am besten geeignet, um ein Unternehmen aufzubauen: Eigenkapital oder Fremdkapital?
36. Welche Art von Geschäftsmodell ist am besten geeignet, um ein erfolgreiches Unternehmen aufzubauen?
37. Wie wichtig ist es, ein gutes Verständnis der Wettbewerbslandschaft zu haben, um ein erfolgreiches Unternehmen aufzubauen?
38. Was sind einige der wichtigsten Faktoren, die bei der Entscheidung berücksichtigt werden sollten, ob man ein Unternehmen gründen oder ein bestehendes Unternehmen erwerben sollte?
39. Wie wichtig ist es, eine klare Marketingstrategie zu haben, um ein erfolgreiches Unternehmen aufzubauen?

BUSINESS · WIRTSCHAFT

40. Was sind einige der besten Möglichkeiten, um die Effektivität der Marketingstrategie zu messen?
41. Wie wichtig ist es, Kundenfeedback zu sammeln, um ein erfolgreiches Unternehmen aufzubauen?
42. Was sind einige der größten Fehler, die Unternehmer bei der Gründung und dem Betrieb eines Unternehmens machen?
43. Wie wichtig ist es, eine gute Work-Life-Balance zu haben, wenn man ein Unternehmen aufbaut?
44. Was sind einige der besten Möglichkeiten, um Mitarbeiter zu motivieren und zu engagieren, wenn man ein Unternehmen aufbaut?
45. Wie wichtig ist es, ein gutes Verständnis der rechtlichen und regulatorischen Anforderungen zu haben, wenn man ein Unternehmen aufbaut?

46. Glaubst du, dass es schwieriger ist, ein Unternehmen in einer aufstrebenden Branche aufzubauen, oder in einer etablierten Branche?
47. Wie wichtig ist es, ein gutes Verständnis der technischen Aspekte zu haben, wenn man ein technologieorientiertes Unternehmen aufbaut?
48. Was sind einige der besten Möglichkeiten, um sich über neue Entwicklungen in der Branche auf dem Laufenden zu halten, wenn man ein Unternehmen aufbaut?
49. Wie wichtig ist es, ein gutes Verständnis des Finanzmanagements zu haben, wenn man ein Unternehmen aufbaut?
50. Was sind einige der besten Möglichkeiten, um Kunden zu gewinnen und zu binden, wenn man ein Unternehmen aufbaut?
51. Wie wichtig ist es, ein gutes Verständnis der Lieferkette und Logistik zu haben, wenn man ein Unternehmen aufbaut?

BUSINESS · WIRTSCHAFT

52. Glaubst du, dass es schwieriger ist, ein Unternehmen alleine oder mit einem Partner aufzubauen?
53. Was sind einige der besten Möglichkeiten, um mit Rückschlägen und Herausforderungen umzugehen, wenn man ein Unternehmen aufbaut?
54. Wie wichtig ist es, ein gutes Verständnis des Marktes und der Zielgruppe zu haben, wenn man ein Unternehmen aufbaut?
55. Was sind einige der besten Möglichkeiten, um Innovation in einem Unternehmen zu fördern?
56. Wie wichtig ist es, ein gutes Verständnis der sozialen Medien und Online-Präsenz zu haben, wenn man ein Unternehmen aufbaut?

CARS · AUTOS

1. Was ist dein Traumauto?
2. Bist du schon mal in einem Oldtimer mitgefahren?
3. Welches Verkehrsmittel benutzt du am häufigsten?
4. Kannst du ein Auto reparieren?
5. Wie oft musst du dein Auto zur Inspektion bringen?
6. Wie oft fährst du in der Woche mit öffentlichen Verkehrsmitteln?
7. Wofür verwendest du dein Auto hauptsächlich?
8. Was hältst du von Elektroautos?
9. Was sind die Vor- und Nachteile von Hybridautos?
10. Was sind die Vorteile von autonomen Fahrzeugen?

CARS · AUTOS

11. Würdest du gerne in einem selbstfahrenden Auto fahren?
12. Wie wichtig ist dir der Komfort im Auto?
13. Wie oft benutzt du Carsharing-Dienste?
14. Was hältst du von Fahrgemeinschaften?
15. Würdest du gerne ein Motorrad besitzen?
16. Welches ist das schnellste Auto, das du jemals gefahren bist?
17. Was ist dein Lieblingsauto?
18. Wie wichtig ist dir das Design von Autos?
19. Würdest du ein Auto mit Automatikgetriebe oder Schaltgetriebe bevorzugen?
20. Welches ist das teuerste Auto, das du jemals gesehen hast?
21. Was sind die sichersten Autos auf dem Markt?
22. Welches Auto hat den besten Kraftstoffverbrauch?
23. Wie wichtig ist dir der Geräuschpegel im Auto?
24. Würdest du gerne ein Wohnmobil/Camper besitzen?

25. Wie wichtig ist es dir, dass dein Auto umweltfreundlich ist?
26. Was ist dein Lieblingsrennwagen?
27. Welches Auto hat den besten Wiederverkaufswert?
28. Würdest du lieber einen SUV oder einen Sportwagen fahren?
29. Was ist das längste Auto, das du jemals gesehen hast?
30. Wie wichtig ist dir die Marke deines Autos?
31. Würdest du gerne ein Cabrio besitzen?
32. Was sind die neuesten Technologien in der Autoindustrie?
33. Wie wichtig ist dir die Sicherheit im Auto?
34. Welches Auto hat den besten Fahrkomfort?
35. Welches Auto ist am besten für Familien geeignet?
36. Wie wichtig ist dir der Platz im Auto?
37. Was hältst du von selbstbalancierenden Motorrädern?
38. Wie wichtig ist dir die Farbe deines Autos?

CARS · AUTOS

39. Was sind die wichtigsten Aspekte bei der Auswahl eines Autos?
40. Wie oft wechselst du dein Auto?
41. Würdest du gerne einen Oldtimer besitzen?
42. Welches ist das bekannteste deutsche Automobilunternehmen?
43. Wie wichtig ist dir die Leistung deines Autos?
44. Welches Auto ist am besten für Langstreckenfahrten geeignet?
45. Würdest du lieber ein Auto mit viel Stauraum oder viel Komfort haben?
46. Was sind die Vorteile von Elektromotorrädern?
47. Welches Auto hat den besten Sound?
48. Wie wichtig ist dir das Aussehen deines Autos?
49. Würdest du lieber ein Auto mit Allradantrieb oder Vorderradantrieb haben?
50. Welches Auto würdest du dir kaufen, wenn Geld keine Rolle spielen würde?

51. Was denkst du über selbstfahrende Autos? Sind sie eine gute Idee?
52. Welches war das erste Auto, das du jemals besessen hast?
53. Was sind die Vor- und Nachteile von Elektroautos im Vergleich zu herkömmlichen Autos?
54. Wie wichtig ist dir die Leistung eines Autos? Würdest du ein schnelles Auto bevorzugen?
55. Welche Technologie in Autos findest du am nützlichsten oder am interessantesten?
56. Wie wichtig ist dir das Design eines Autos? Was sind deine Lieblings-Automarken?
57. Was denkst du über Fahrräder als Transportmittel in einer Stadt?
58. Was sind einige der größten Herausforderungen für den öffentlichen Verkehr in deiner Stadt?
59. Wie wichtig ist dir die Umweltfreundlichkeit von Autos? Würdest du ein umweltfreundliches Auto bevorzugen?
60. Wie oft benutzt du öffentliche Verkehrsmittel?

GERMAN CUISINE • DEUTSCHE KÜCHE

1. Was sind deine Lieblingsgerichte der deutschen Küche?
2. Hast du schon mal deutsches Brot probiert?
3. Welches deutsche Bier magst du am liebsten?
4. Was sind typische deutsche Desserts?
5. Welches deutsche Gericht würdest du gerne mal ausprobieren?
6. Kennst du den Unterschied zwischen Wiener Schnitzel und Jägerschnitzel?
7. Welche Region Deutschlands hat deiner Meinung nach die beste Küche?
8. Was ist dein Lieblingsessen zur Weihnachtszeit?
9. Welches deutsche Gericht hat die besten Zutaten?

10. Was ist dein Lieblingsgericht, das aus Kartoffeln besteht?
11. Was sind deine Lieblings-Würste der deutschen Küche?
12. Welches deutsche Gericht ist besonders schwer zuzubereiten?
13. Wie würdest du typische deutsche Gerichte einem Ausländer erklären?
14. Welches deutsche Gericht isst man traditionell am Sonntag?
15. Was ist dein Lieblings-Käse aus Deutschland?
16. Welches deutsche Gericht ist deiner Meinung nach am gesündesten?
17. Wie sieht ein traditionelles deutsches Frühstück aus?
18. Welches deutsche Gericht schmeckt am besten mit Sauerkraut?
19. Hast du schon mal Spätzle probiert?
20. Was sind die besten deutschen Snacks?
21. Welches deutsche Gericht isst du am liebsten im Sommer?

GERMAN CUISINE · DEUTSCHE KÜCHE

22. Was ist deine Lieblings-Kartoffelsorte?
23. Welche sind die besten deutschen Getränke?
24. Welches deutsche Gericht ist perfekt für ein Picknick?
25. Wie findest du deutsche Süßigkeiten?
26. Was ist das traditionelle deutsche Weihnachtsessen?
27. Welches deutsche Gericht ist besonders scharf?
28. Was ist dein Lieblingsessen in einem deutschen Biergarten?
29. Welches deutsche Gericht hat die interessanteste Geschichte?
30. Was ist dein Lieblings-Weihnachtsgebäck?
31. Welches deutsche Gericht isst man traditionell zum Oktoberfest?
32. Was ist dein Lieblingsgericht aus der Region Bayern?
33. Welches deutsche Gericht isst man traditionell am Karfreitag?

34. Welches deutsche Gericht isst man traditionell am Heiligabend?
35. Was ist dein Lieblings-Gemüse in der deutschen Küche?
36. Was sind die besten deutschen Beilagen?
37. Welches deutsche Gericht kann man am besten vegan zubereiten?
38. Was ist dein Lieblingsgericht aus der Region Norddeutschland?
39. Was sind die besten deutschen Backwaren?
40. Welches deutsche Gericht isst man traditionell am Silvesterabend?
41. Welches deutsche Gericht isst man traditionell an Ostern?
42. Was ist dein Lieblingsgericht aus der Region Süddeutschland?
43. Welche sind die besten deutschen Saucen?
44. Welches deutsche Gericht isst man traditionell an Weihnachten?
45. Was ist dein Lieblings-Fleisch in der deutschen Küche?
46. Welches sind die besten deutschen Gewürze?

GERMAN CUISINE · DEUTSCHE KÜCHE

47. Welches deutsche Gericht isst man traditionell an Himmelfahrt?
48. Was ist dein Lieblingsgericht aus der Region Ostdeutschland?
49. Was ist dein Eindruck von der deutschen Küche und wie hat sich deine Meinung möglicherweise geändert, seitdem du sie kennengelernt hast?
50. Wie denkst du über die Tatsache, dass die deutsche Küche oft als "deftig" beschrieben wird? Gibt es deiner Meinung nach auch leichte und gesunde Gerichte in der deutschen Küche?
51. Was hältst du von der Tatsache, dass die meisten Deutschen mindestens einmal pro Woche Kartoffeln essen? Denkst du, dass es wichtig ist, regionale Essgewohnheiten zu pflegen?
52. Was ist deine Meinung über die Rolle von Bier und Wein in der deutschen Kultur? Bist du der Meinung, dass alkoholische Getränke einen wichtigen Teil der deutschen Esskultur ausmachen?

53. Wie denkst du über den Trend zu vegetarischem und veganem Essen in Deutschland? Denkst du, dass es sich um einen positiven Trend handelt oder dass es etwas ist, das man ablehnen sollte?
54. Wie findest du die Verwendung von Sauerkraut in der deutschen Küche? Denkst du, dass es eine einzigartige Note in den Gerichten bringt oder dass es etwas ist, das man weglassen kann?
55. Was hältst du von der deutschen Esskultur im Vergleich zu anderen Ländern? Was unterscheidet die deutsche Küche von anderen Esskulturen?
56. Wie denkst du über die Bedeutung von Brot in der deutschen Küche? Gibt es ein bestimmtes Brot, das du besonders magst oder das du nicht magst?
57. Was hältst du von der Verwendung von Gewürzen in der deutschen Küche? Sind sie ausreichend oder fehlen dir bestimmte Gewürze?

58. Wie findest du die Verwendung von Senf in der deutschen Küche? Denkst du, dass es einen einzigartigen Geschmack beisteuert oder dass es etwas ist, das man weglassen kann?

HOLIDAYS & CELEBRATIONS · FEIERTAGE & FEIERN

1. Was ist dein Lieblingsfeiertag und warum?
2. Welche Feiertage gibt es in Deutschland, die in deinem Heimatland nicht gefeiert werden?
3. Was sind typische deutsche Weihnachtsgerichte?
4. Was sind typische deutsche Ostertraditionen?
5. Was sind typische deutsche Silvesterbräuche?
6. Was ist das Besondere an Feiertagen, das du besonders magst?
7. Welcher Feiertag hat für dich eine besondere Bedeutung und warum?
8. Was sind deine Lieblingsrituale oder Traditionen an Feiertagen?
9. Was ist das Interessanteste, was du jemals an einem Feiertag erlebt hast?

HOLIDAYS & CELEBRATIONS · FEIERTAGE & FEIERN

10. Wie feierst du Feiertage mit deiner Familie und Freunden?
11. Welche Feiertage haben in deiner Familie eine besondere Tradition und was ist das Besondere daran?
12. Was ist dein ungewöhnlichster Feiertagsbrauch?
13. Welches Feiertagsessen musst du jedes Jahr unbedingt haben und warum?
14. Was ist das kreativste Geschenk, das du jemals zu einem Feiertag bekommen hast?
15. Was ist dein Lieblingsfeiertagslied?
16. Welcher Feiertag ist für dich der wichtigste und warum?
17. Welchen Feiertag würdest du gerne in Zukunft feiern und wie würdest du ihn gestalten?
18. Was ist das Interessanteste, was du jemals an einem Feiertag gegessen hast?
19. Was sind deine Pläne für den nächsten Feiertag?

20. Was ist deine Lieblingsdekoration an einem Feiertag?
21. Welches Feuerwerk hast du jemals an einem Feiertag gesehen, das dich am meisten beeindruckt hat?
22. Welchen Feiertag würdest du gerne in einem anderen Land feiern und warum?
23. Was ist dein Lieblingsfeiertagsgeschenk, das du jemals jemandem gegeben hast?
24. Was ist das schönste Kompliment, das du jemals für deine Feiertagsdekoration erhalten hast?
25. Was sind deine Lieblingsferienorte und warum?
26. Welche Feiertagsbräuche sind für dich unverzichtbar?
27. Was ist das Interessanteste, was du jemals über die Geschichte eines Feiertags gelernt hast?
28. Welches Feiertagsoutfit ist für dich am bequemsten?
29. Welches Feiertagsgetränk musst du unbedingt haben?

HOLIDAYS & CELEBRATIONS · FEIERTAGE & FEIERN

30. Welches Feiertagsdessert musst du unbedingt probieren?
31. Was ist dein Lieblings-Frühlingsfest und warum?
32. Welches Feiertagsessen isst du am liebsten und wie bereitest du es zu?
33. Was ist das Schönste, was du an einem Feiertag für jemand anderen getan hast?
34. Was ist dein Lieblings-Weihnachtsfilm und warum?
35. Welcher Feiertag hat für dich eine spirituelle Bedeutung und wie feierst du ihn?
36. Was ist das Interessanteste, das du jemals über eine Feiertagsdekoration erfahren hast?
37. Welches Feiertagsgeschenk hat dich am meisten überrascht und warum?
38. Welches Feiertagsessen hast du jemals selbst zubereitet und wie ist es ausgefallen?
39. Was ist das Schönste, was du jemals an einem Feiertag geschenkt bekommen hast?
40. Welches deutsche Fest würdest du gerne besuchen und warum?

41. Was fasziniert dich an deutschen Feiertagen und Brauchtümern?
42. Welches ist dein Lieblingsfest in Deutschland, das du kennengelernt hast?
43. Wie lernt man am besten die Feiertage und Bräuche in Deutschland?
44. Wie wird Weihnachten in Deutschland anders gefeiert als in deinem Heimatland?
45. Welches ist dein Lieblingsweihnachtslied auf Deutsch?
46. Was sind typische deutsche Weihnachtsbräuche und wie werden sie gefeiert?
47. Wie unterscheiden sich deutsche und amerikanische Weihnachtsbräuche?
48. Was sind die Unterschiede zwischen dem deutschen und dem amerikanischen Weihnachtsfest?
49. Welche Ostertypischen Bräuche gibt es in Deutschland?
50. Wie feiert man in Deutschland Karneval und welche Traditionen gibt es?

HOLIDAYS & CELEBRATIONS · FEIERTAGE & FEIERN

51. Welches deutsche Festessen ist dein Favorit?
52. Was sind typische deutsche Neujahrstraditionen und wie werden sie gefeiert?
53. Was sind deutsche Winterferien und wie werden sie gefeiert?
54. Was sind die besten Winteraktivitäten, die man in Deutschland machen kann?
55. Welches deutsche Fest würdest du gerne mit deiner Familie feiern?
56. Wie sieht der typische Ablauf eines deutschen Weihnachtsmarkts aus?
57. Welches deutsche Fest unterscheidet sich am meisten von Feiern in deinem Heimatland?
58. Was sind die Unterschiede zwischen deutschen und den Feiertagen in deinem Heimatland?
59. Welches Fest wird in deinem Heimatland anders gefeiert als in Deutschland?

SOCIAL MEDIA · SOZIALEN MEDIEN

1. Nutzt du gerne Social Media?
2. Was ist dein Lieblings-Social-Media-Kanal?
3. Wie viel Zeit verbringst du täglich auf Social Media?
4. Welche Vorteile siehst du in der Nutzung von Social Media?
5. Welche Nachteile siehst du in der Nutzung von Social Media?
6. Was sind deine Lieblings-Hashtags?
7. Welche Art von Inhalten magst du am meisten auf Social Media?
8. Welche Art von Inhalten findest du störend auf Social Media?
9. Welche Social-Media-Plattformen nutzt du am häufigsten?
10. Welche Social-Media-Plattformen nutzt du am wenigsten?

SOCIAL MEDIA · SOZIALEN MEDIEN

11. Hast du schon einmal Freunde über Social Media gefunden?
12. Bist du schon einmal auf eine interessante Idee auf Social Media gestoßen?
13. Wie würdest du Social Media einer Person erklären, die es noch nie benutzt hat?
14. Wie denkst du, hat Social Media unsere Art zu kommunizieren verändert?
15. Wie denkst du, hat Social Media unsere Beziehungen zu anderen Menschen verändert?
16. Welche Art von Social-Media-Inhalten inspirieren dich am meisten?
17. Welche Art von Social-Media-Inhalten langweilen dich am meisten?
18. Was hältst du von Influencer-Marketing auf Social Media?
19. Welche Social-Media-Kanäle nutzt du für berufliche Zwecke?
20. Wie denkst du, hat Social Media die Art und Weise verändert, wie wir arbeiten?

21. Was sind die größten Herausforderungen in Bezug auf die Nutzung von Social Media?
22. Was sind die Vorteile der Nutzung von Social Media für Unternehmen?
23. Wie denkst du, wird sich die Nutzung von Social Media in Zukunft entwickeln?
24. Welche Social-Media-Plattformen findest du besonders innovativ?
25. Wie denkst du, kann Social Media zur Verbesserung der Gesellschaft beitragen?
26. Wie denkst du, kann Social Media zur Verschlechterung der Gesellschaft beitragen?
27. Was sind deine Gedanken über Cybermobbing auf Social Media?
28. Wie denkst du, sollten Eltern ihre Kinder beim Umgang mit Social Media unterstützen?
29. Wie wichtig ist Datenschutz auf Social Media für dich?
30. Welche Social-Media-Plattformen achten am meisten auf Datenschutz?

SOCIAL MEDIA · SOZIALEN MEDIEN

31. Wie denkst du, sollte man mit Hasskommentaren auf Social Media umgehen?
32. Wie wichtig ist es, authentisch auf Social Media zu sein?
33. Wie beeinflusst Social Media das Selbstwertgefühl von Menschen?
34. Wie können wir sicherstellen, dass wir von Social Media nicht süchtig werden?
35. Wie denkst du, beeinflussen Social-Media-Algorithmen unser Verhalten?
36. Wie denkst du, sollte man mit Fake News auf Social Media umgehen?
37. Wie wichtig ist es, auf Social Media positive Inhalte zu teilen?
38. Wie denkst du, hat Social Media das politische Engagement verändert?
39. Welche Social-Media-Kanäle nutzt du, um dich über aktuelle Ereignisse zu informieren?
40. Wie hat sich der Einfluss von sozialen Medien auf die Gesellschaft in den letzten Jahren verändert?

41. Welche sozialen Medien nutzt du am häufigsten?
42. Wie beeinflusst Social Media unsere zwischenmenschlichen Beziehungen?
43. Wie wichtig ist es, einheitliche Regeln für Social Media-Plattformen zu haben?
44. Glaubst du, dass soziale Medien die Art und Weise, wie wir Politik betreiben, verändert haben?
45. Wie können wir sicherstellen, dass die Verwendung von sozialen Medien nicht zu Cybermobbing führt?
46. Welche Auswirkungen hat Social Media auf die psychische Gesundheit?
47. Welche Vorteile bietet Social Media für Unternehmen?
48. Welche Gefahren gibt es, wenn Unternehmen Social Media nutzen?
49. Wie können Eltern ihre Kinder vor den potenziellen Gefahren von Social Media schützen?

SOCIAL MEDIA · SOZIALEN MEDIEN

50. Welche Rolle spielen soziale Medien bei der Verbreitung von Falschinformationen?
51. Wie können wir sicherstellen, dass die Informationen, die wir online teilen, korrekt sind?
52. Welche sozialen Medien sind am besten geeignet, um Geschäfte zu machen?
53. Welche Auswirkungen hat Social Media auf die Musikindustrie?
54. Wie hat sich Social Media auf die Werbung ausgewirkt?
55. Wie wichtig ist es, die Privatsphäre in sozialen Medien zu schützen?
56. Welche Auswirkungen hat Social Media auf unsere Kommunikationsfähigkeiten?
57. Wie beeinflusst Social Media die Art und Weise, wie wir uns selbst präsentieren?
58. Wie wichtig ist es, dass die sozialen Medien transparent sind?
59. Wie haben soziale Medien die Art und Weise verändert, wie wir Nachrichten konsumieren?

60. Welche sozialen Medien sind am besten geeignet, um Freunde und Familie im Ausland zu kontaktieren?
61. Wie beeinflusst Social Media das Online-Dating?
62. Welche Auswirkungen haben Influencer auf die Gesellschaft?
63. Welche sozialen Medien sind am besten geeignet, um politische Ideen zu teilen?
64. Wie können soziale Medien verwendet werden, um positive Veränderungen in der Welt zu bewirken?
65. Welche Auswirkungen hat Social Media auf die Filmindustrie?
66. Wie hat sich Social Media auf den Journalismus ausgewirkt?
67. Wie beeinflusst Social Media den Tourismus?
68. Wie wichtig ist es, soziale Medien zu nutzen, um eine Community aufzubauen?

69. Welche sozialen Medien sind am besten geeignet, um den Kontakt zu Gleichgesinnten zu suchen?
70. Wie kann Social Media dazu beitragen, die Einbeziehung von Menschen mit Behinderungen zu fördern?
71. Wie wichtig ist es, unsere Online-Präsenz zu pflegen?

RELATIONSHIPS & DATING · BEZIEHUNGEN & DATING

1. Wie sieht dein idealer Partner oder Partnerin aus?
2. Was bedeutet Liebe für dich?
3. Wie lange sollte man warten, bevor man "Ich liebe dich" sagt?
4. Was sind wichtige Eigenschaften in einer Beziehung?
5. Wie oft sollte man sich in einer Beziehung sehen?
6. Ist es wichtig, dass dein Partner oder Partnerin dieselben Interessen hat wie du?
7. Wie wichtig ist dir physische Intimität in einer Beziehung?
8. Was ist das beste Date, das du jemals hattest?
9. Was ist das Schlimmste, was du bei einem Date erlebt hast?

RELATIONSHIPS & DATING · BEZIEHUNGEN & DATING

10. Was ist ein Dealbreaker für dich in einer Beziehung?
11. Glaubst du an die Liebe auf den ersten Blick?
12. Wie wichtig ist dir die Meinung deiner Familie oder Freunde bei der Wahl deines Partners oder deiner Partnerin?
13. Wie gehst du damit um, wenn du und dein Partner oder deine Partnerin unterschiedliche Meinungen haben?
14. Wie wichtig ist Vertrauen in einer Beziehung?
15. Welche Rolle spielt Ehrlichkeit in einer Beziehung?
16. Glaubst du, dass Beziehungen online beginnen können?
17. Was sind wichtige Eigenschaften in einem Partner oder einer Partnerin?
18. Ist es wichtig, dass dich dein Partner oder deine Partnerin zum Lachen bringen kann?
19. Wie gehst du damit um, wenn du verliebt bist, aber dein Partner oder deine Partnerin nicht dasselbe fühlt?

20. Was denkst du, sind die Vorteile des Singleseins im Vergleich zu einer Beziehung?
21. Wie wichtig ist es, dass dein Partner oder deine Partnerin deinen Freunden gefällt?
22. Wie lange sollte man warten, bevor man zusammenzieht?
23. Wie geht man damit um, wenn man sich in einer Beziehung verändert?
24. Was denkst du, sind die Vorteile von langfristigen Beziehungen im Vergleich zu kurzfristigen Beziehungen?
25. Was ist das romantischste, das dir jemals passiert ist?
26. Wie wichtig ist es, dass dein Partner oder deine Partnerin dich unterstützt?
27. Wie gehst du damit um, wenn dein Partner oder deine Partnerin oft arbeitet und wenig Zeit für dich hat?
28. Was ist das Beste an einer Beziehung?
29. Wie wichtig ist es, dass dein Partner oder deine Partnerin ähnliche Ziele hat wie du?

RELATIONSHIPS & DATING · BEZIEHUNGEN & DATING

30. Glaubst du, dass es möglich ist, mit deinem Ex befreundet zu bleiben?
31. Wie geht man damit um, wenn man sich in einer Beziehung nicht verstanden fühlt?
32. Wie wichtig ist es, dass dein Partner oder deine Partnerin romantisch ist?
33. Was ist das Schlimmste, was du jemals getan hast, um jemanden zu beeindrucken?
34. Wie geht man damit um, wenn man sich in einer Beziehung unter Druck gesetzt fühlt?
35. Wie wichtig ist es, dass dein Partner oder deine Partnerin dich respektiert?
36. Was ist das Schönste, was du jemals für deinen Partner oder deine Partnerin getan hast?
37. Wie wichtig ist es, dass dein Partner oder deine Partnerin dasselbe Temperament hat wie du?
38. Was sind die Vorteile des Online-Dating?
39. Was sind die Nachteile von Online-Dating?
40. Was sind deine Tipps für erfolgreiches Online-Dating?

41. Wie wichtig ist es für dich, einen Partner zu haben?
42. Wie oft gehst du auf Dates?
43. Was sind deine Lieblingsorte für Dates?
44. Was sind deine Lieblingsaktivitäten für ein Date?
45. Was sind deine No-Gos für ein Date?
46. Wie wichtig ist dir das Aussehen eines potenziellen Partners?
47. Wie wichtig ist dir der Charakter eines potenziellen Partners?
48. Wie gehst du damit um, wenn dein Partner oder deine Partnerin eine andere Sprache spricht als du?
49. Was bedeutet für dich eine erfolgreiche Beziehung?
50. Welche Eigenschaften schätzt du am meisten an deinem Partner/deiner Partnerin?
51. Wie wichtig ist dir körperliche Anziehungskraft in einer Beziehung?

RELATIONSHIPS & DATING · BEZIEHUNGEN & DATING

52. Was ist das schönste Geschenk, das du jemals von einem Partner/einer Partnerin erhalten hast?
53. Welche Rolle spielen für dich gemeinsame Interessen in einer Beziehung?
54. Wie wichtig ist dir gegenseitiges Vertrauen in einer Beziehung?
55. Was ist für dich das schwierigste an einer Beziehung?
56. Wie gehst du mit Konflikten in einer Beziehung um?
57. Was ist das schönste Erlebnis, das du mit deinem Partner/deiner Partnerin hattest?
58. Wie wichtig ist dir gemeinsames Reisen in einer Beziehung?
59. Was ist wichtiger in einer Beziehung: Geben oder Nehmen?
60. Wie wichtig ist dir die Meinung deines Partners/deiner Partnerin bei wichtigen Entscheidungen?
61. Wie wichtig ist dir gemeinsame Zeit mit deinem Partner/deiner Partnerin?

62. Was tust du, um das Vertrauen deines Partners/deiner Partnerin zu gewinnen?
63. Glaubst du, dass eine Fernbeziehung funktionieren kann?
64. Wie wichtig ist dir gemeinsames Kochen in einer Beziehung?
65. Was ist für dich das wichtigste Element einer glücklichen Beziehung?
66. Welche Tipps würdest du jemandem geben, der/die auf der Suche nach einer Beziehung ist?

RELIGION & SPIRITUALITY · RELIGION & SPIRITUALITÄT

1. Welche Rolle spielt Religion in deinem Leben?
2. Was ist deine Meinung zur Existenz von Gott?
3. Welche Religionen kennst du und welche spricht dich am meisten an?
4. Was bedeutet Spiritualität für dich?
5. Glaubst du, dass es ein Leben nach dem Tod gibt?
6. Wie würdest du jemandem helfen, der seine spirituelle Seite entdecken möchte?
7. Was ist der Zweck von Religionen?
8. Wie kann man Spiritualität in den Alltag integrieren?
9. Welche religiösen Feiertage sind für dich wichtig und warum?

10. Was sind die Gemeinsamkeiten und Unterschiede zwischen verschiedenen Religionen?
11. Kann man moralisch ohne Religion handeln?
12. Welche spirituellen Praktiken hast du ausprobiert oder möchtest du ausprobieren?
13. Welche Vorurteile oder Missverständnisse hast du über Religionen gehört?
14. Wie beeinflusst Religion die Kultur und Gesellschaft?
15. Gibt es etwas, das du an deiner eigenen Religion oder Spiritualität ändern möchtest?
16. Wie hat Religion deine Sicht auf das Leben beeinflusst?
17. Wie beeinflusst Spiritualität deine Entscheidungen?
18. Wie hat sich die Rolle von Religionen im Laufe der Zeit verändert?
19. Wie kann man andere Menschen respektvoll behandeln, die eine andere Religion oder Spiritualität haben?
20. Welche Unterschiede gibt es zwischen Religion und Spiritualität?

RELIGION & SPIRITUALITY · RELIGION & SPIRITUALITÄT

21. Was sind einige der wichtigsten Prinzipien, auf denen verschiedene Religionen basieren?
22. Wie können Menschen verschiedener Religionen oder Spiritualitäten zusammenarbeiten, um eine bessere Welt zu schaffen?
23. Wie wichtig ist Beten oder Meditation in deinem Leben?
24. Wie kann man seine eigene spirituelle Praxis entwickeln?
25. Wie beeinflussen religiöse Rituale das tägliche Leben?
26. Wie wichtig ist es, in einer religiösen Gemeinschaft zu sein?
27. Wie kann man Religion oder Spiritualität mit Wissenschaft vereinen?
28. Wie unterscheidet sich der Glaube von Kindern von dem von Erwachsenen?
29. Welche Rolle spielen religiöse Feste in verschiedenen Kulturen?

30. Wie können wir Frieden zwischen verschiedenen Religionen und spirituellen Überzeugungen schaffen?
31. Wie kann man seine religiösen Überzeugungen mit anderen teilen, ohne aufdringlich oder beleidigend zu sein?
32. Wie hat sich die Beziehung zwischen Religion und Politik im Laufe der Geschichte entwickelt?
33. Wie wichtig ist der Glaube bei der Bewältigung schwieriger Situationen?
34. Was sind die Vor- und Nachteile von Dogmatismus (der Anspruch auf Allgemeingültigkeit) in der Religion?
35. Wie hat die Technologie die Art und Weise beeinflusst, wie Menschen ihre Spiritualität praktizieren?
36. Welche Rolle spielen religiöse Symbole und Artefakte in verschiedenen Kulturen?
37. Wie können Menschen mit unterschiedlichen religiösen Überzeugungen miteinander auskommen?

RELIGION & SPIRITUALITY · RELIGION & SPIRITUALITÄT

38. Welche Auswirkungen hat Religion auf die psychische Gesundheit?
39. Was sind die Herausforderungen bei der Verbindung von Religion und Familie?
40. Wie können wir toleranter gegenüber Menschen sein, die eine andere Religion oder Spiritualität haben?
41. Wie definierst du Spiritualität?
42. Was bedeutet Religion für dich persönlich?
43. Glaubst du an Gott? Warum oder warum nicht?
44. Was ist dein Eindruck von religiöser Vielfalt in Deutschland?
45. Welche Werte schätzt du besonders in deiner religiösen Gemeinschaft?
46. Wie denkst du über interreligiösen Dialog (Begegnung und Zusammenarbeit von Angehörigen verschiedener Religionen)?
47. Wie hat deine religiöse Erziehung dein heutiges Leben beeinflusst?
48. Wie gehst du mit religiösen Unterschieden innerhalb deiner Familie um?

49. Wie wichtig ist dir das Gebet oder spirituelle Praktiken in deinem Leben?
50. Was sind die größten Herausforderungen, die du mit deinem Glauben konfrontiert bist?
51. Wie denkst du über die Rolle der Religion in der Gesellschaft?
52. Was sind deine Gedanken über religiösen Extremismus und Fundamentalismus?
53. Welche Bedeutung hat die Spiritualität in deiner Kultur?
54. Glaubst du an ein Leben nach dem Tod?
55. Wie wichtig ist es für dich, eine spirituelle Gemeinschaft zu haben?
56. Wie denkst du über den Begriff "Gott" in verschiedenen Religionen?
57. Wie beeinflusst deine religiöse Überzeugung deine moralischen Werte?
58. Wie denkst du über die Beziehung zwischen Wissenschaft und Religion?
59. Was sind deine Gedanken über Karma und Wiedergeburt?
60. Wie wichtig ist dir spirituelle Entwicklung und wie arbeitest du daran?

MONEY & FINANCE · GELD & FINANZEN

1. Warum ist es wichtig, Geld zu sparen?
2. Wie viel Geld sollte man jeden Monat sparen?
3. Wie kann man Geld sparen, wenn man wenig verdient?
4. Was sind die Vorteile von langfristigem Sparen?
5. Warum ist es wichtig, Schulden zu vermeiden?
6. Wie kann man Schulden vermeiden?
7. Wie wichtig ist es, ein Budget zu führen?
8. Wie kann man ein Budget führen?
9. Wie kann man Geld sparen, wenn man gerne shoppen geht?
10. Was sind einige Möglichkeiten, um Geld beim Einkaufen zu sparen?
11. Wie kann man verhindern, dass man zu viel Geld für unnötige Dinge ausgibt?

12. Was sind die Vor- und Nachteile von Kreditkarten?
13. Wie kann man vermeiden, zu viel Geld mit Kreditkarten auszugeben?
14. Wie kann man Geld sparen, wenn man essen geht?
15. Wie wichtig ist es, früh mit dem Sparen anzufangen?
16. Wie kann man Geld sparen, wenn man eine Familie hat?
17. Was sind einige Möglichkeiten, um Geld mit Kindern zu sparen?
18. Wie wichtig ist es, für die Zukunft vorzusorgen?
19. Wie kann man für die Zukunft vorsorgen?
20. Wie wichtig ist es, eine gute Kreditwürdigkeit zu haben?
21. Wie kann man eine gute Kreditwürdigkeit aufrechterhalten?
22. Wie wichtig ist es, in Aktien zu investieren?
23. Was sind die Vorteile von Aktieninvestitionen?

MONEY & FINANCE · GELD & FINANZEN

24. Wie kann man sicherstellen, dass man genug Geld für die Rente hat?
25. Wie kann man Geld sparen, wenn man ein Auto besitzt?
26. Was sind einige Möglichkeiten, um Geld beim Autofahren zu sparen?
27. Wie kann man Geld sparen, wenn man in einer Mietwohnung lebt?
28. Wie kann man verhindern, dass man zu viel für Versicherungen ausgibt?
29. Was sind die Vorteile von Investitionen in Immobilien?
30. Wie kann man vermeiden, zu viel für Miete auszugeben?
31. Wie kann man Geld sparen, wenn man für das Studium bezahlen muss?
32. Was sind einige Möglichkeiten, um für das Studium zu sparen?
33. Wie wichtig ist es, Geld für Notfälle beiseite zu legen?
34. Wie viel Geld sollte man für Notfälle beiseitelegen?

35. Wie kann man vermeiden, zu viel Geld für Geschenke auszugeben?
36. Wie kann man Geld sparen, wenn man ein eigenes Unternehmen gründet?
37. Wie kann man am besten Geld sparen?
38. Welche Fehler sollte man beim Umgang mit Geld vermeiden?
39. Wie kann man lernen, vernünftig mit Geld umzugehen?
40. Wie wichtig ist es, ein monatliches Budget zu haben?
41. Wie kann man Schulden abbauen und Schulden vermeiden?
42. Was ist der Unterschied zwischen einer Spar- und einer Girokonto?
43. Wie funktionieren Investmentfonds?
44. Was sind die Vorteile und Nachteile von Aktien?
45. Wie wichtig ist eine eigene Altersvorsorge?
46. Was ist eine private Rentenversicherung?
47. Was ist eine Riester-Rente?

MONEY & FINANCE · GELD & FINANZEN

48. Wie funktioniert das deutsche Steuersystem?
49. Was sind die Vor- und Nachteile von Steuerberatern?
50. Was sind die Auswirkungen von Inflation auf das eigene Vermögen?
51. Wie wichtig ist es eine Steuererklärung zu machen?
52. Wie kann man sich vor Betrug und Abzocke im Finanzbereich schützen?
53. Wann ist ein guter Zeitpunkt, um in den Aktienmarkt einzusteigen?
54. Welche Auswirkungen hatte der Euro auf die deutsche Wirtschaft?
55. Was sind die Vor- und Nachteile von Online-Banking?
56. Wie wichtig ist es, eine gute Bonität zu haben?

LANGUAGES & LINGUISTICS • SPRACHEN & LINGUISTIK

1. Was motiviert dich, Deutsch zu lernen?
2. Wie lernst du Sprachen am liebsten?
3. Wie schwierig findest du es, Deutsch zu lernen?
4. Welche deutschen Dialekte findest du besonders interessant oder schwierig?
5. Was sind deine deutschen Lieblingswörter?
6. Wie wichtig ist es deiner Meinung nach, die deutsche Grammatik zu beherrschen?
7. Welche deutschen Redewendungen findest du besonders nützlich?
8. Wie wichtig ist die Aussprache beim Erlernen der deutschen Sprache?
9. Was sind deine Lieblingsmethoden, um dein Vokabular auf Deutsch zu erweitern?

LANGUAGES & LINGUISTICS · SPRACHEN & LINGUISTIK

10. Welche Schwierigkeiten hast du beim Erlernen der deutschen Sprache bisher erlebt?
11. Wie wichtig ist es, die deutsche Kultur zu verstehen, um die Sprache zu lernen?
12. Was sind deine Lieblings-Apps oder -Websites, um Deutsch zu lernen?
13. Welche Tipps hast du für jemanden, der gerade erst anfängt, Deutsch zu lernen?
14. Wie wichtig ist es, Deutsch im Alltag zu verwenden, um es zu beherrschen?
15. Welche deutschen Bücher hast du bisher gelesen oder möchtest du gerne lesen?
16. Wie wichtig ist es, mit Muttersprachlern zu sprechen, um Deutsch zu lernen?
17. Was sind deine deutschen Lieblingsfeiertage oder Traditionen?
18. Wie wichtig ist es, die Unterschiede zwischen der deutschen und deiner eigenen Kultur zu verstehen, um die Sprache zu lernen?

19. Was ist deine Muttersprache und welche anderen Sprachen sprichst du?
20. Wie lernst du am besten eine neue Sprache?
21. Was sind einige Herausforderungen beim Erlernen einer neuen Sprache?
22. Was sind einige Vorteile des Erlernens einer neuen Sprache?
23. Wie wichtig ist dir das Erlernen einer neuen Sprache?
24. Glaubst du, dass das Erlernen einer neuen Sprache dir helfen kann, neue Kulturen zu verstehen?
25. Welche kulturellen Unterschiede hast du bemerkt, als du verschiedene Sprachen gelernt hast?
26. Wie wichtig ist es, die Grammatik einer Sprache zu beherrschen?
27. Glaubst du, dass es wichtig ist, verschiedene Dialekte einer Sprache zu verstehen?
28. Wie beeinflussen Sprachen unsere Denkweise und Wahrnehmung der Welt?

29. Glaubst du, dass es möglich ist, eine Sprache ohne formales Lernen zu beherrschen?
30. Wie wichtig ist es, Fremdsprachenkenntnisse im Berufsleben zu haben?
31. Welche Rolle spielt das Erlernen von Sprachen bei der globalen Kommunikation?
32. Was sind einige der Vorteile und Herausforderungen des Sprachenlernens im digitalen Zeitalter?
33. Glaubst du, dass Sprachunterricht in Schulen verändert werden sollte, und wenn ja, wie?
34. Was sind einige der Missverständnisse, die Menschen über Sprachen und über das Lernen von Sprachen haben?
35. Wie beeinflussen Sprachen unser Verständnis von Identität und Kultur?
36. Was sind einige der Auswirkungen von Sprachbarrieren in der Gesellschaft?
37. Wie wichtig ist es, die korrekte Aussprache einer Sprache zu beherrschen?

38. Wie können wir die Vielfalt der Sprachen und Kulturen auf der Welt feiern und erhalten?
39. Welche sind einige der schwierigsten Sprachen der Welt, die man lernen kann? Warum sind sie so schwer?
40. Welche Sprache(n) würdest du gerne sprechen können? Warum?
41. Welche Sprache(n) sind für dein Studium oder deine beruflichen Pläne am wichtigsten? Warum?
42. Wie wichtig ist es, mehrere Sprachen zu sprechen, insbesondere in der heutigen globalisierten Welt?
43. Welche Rolle spielt die Muttersprache bei der Sprachentwicklung? Wie beeinflusst sie die Art und Weise, wie wir andere Sprachen lernen?
44. Welche Auswirkungen haben Dialekte und Akzente auf die Kommunikation? Wie können wir lernen, verschiedene Dialekte und Akzente zu verstehen?

45. Wie hat sich die Sprache im Laufe der Zeit entwickelt? Welche Veränderungen gab es in Grammatik, Aussprache und Wortschatz?
46. Wie unterscheidet sich das Erlernen von Sprachen in verschiedenen Altersgruppen? Ist es einfacher, eine Sprache als Kind oder als Erwachsener zu lernen?
47. Wie beeinflussen Sprachen die Kultur und die Art und Weise, wie Menschen miteinander interagieren? Wie werden sie verwendet, um Identität auszudrücken?
48. Wie wichtig ist die Grammatik beim Erlernen einer neuen Sprache? Sollte man sich auf Grammatik oder auf Sprechen konzentrieren?
49. Welche Rolle spielen Sprachlehrer*innen beim Erlernen einer neuen Sprache? Was sind einige der effektivsten Methoden, die sie verwenden können?
50. Wie können wir unsere Sprachkenntnisse verbessern, wenn wir niemanden haben, mit dem wir sprechen können?

51. Wie hat die Technologie das Sprachenlernen verändert? Welche Apps und Online-Ressourcen sind am nützlichsten?
52. Wie wichtig ist es, die Kultur und die Geschichte eines Landes zu verstehen, um die Sprache zu lernen?
53. Welche sind die am meisten gesprochenen Sprachen der Welt? Wie viele Menschen sprechen sie?
54. Was ist eine Sprachfamilie und welche Sprachen gehören dazu? Wie können wir von der Kenntnis der Sprachfamilien profitieren, um das Lernen von Sprachen zu vereinfachen?
55. Wie hat die Globalisierung den Sprachgebrauch beeinflusst? Werden bestimmte Sprachen mehr oder weniger wichtig?
56. Wie unterscheiden sich die Schriftsysteme in verschiedenen Sprachen? Wie schwer ist es, eine Sprache zu lernen, die eine andere Schrift verwendet als unsere Muttersprache?

57. Wie wichtig ist die Aussprache beim Erlernen einer neuen Sprache? Wie können wir unsere Aussprache verbessern?
58. Welche Rolle spielen Sprachen bei der Völkerverständigung und beim interkulturellen Austausch?

GERMAN LANDMARKS · DEUTSCHE WAHRZEICHEN

1. Was fällt dir ein, wenn du an das Brandenburger Tor denkst?
2. Hast du schon einmal das Schloss Neuschwanstein besucht? Was hat dir daran gefallen?
3. Wie würdest du den Kölner Dom beschreiben?
4. Was weißt du über die Berliner Mauer?
5. Hast du schon einmal das Schloss Sanssouci in Potsdam besucht? Was hat dir daran gefallen?
6. Welche Bedeutung hat das Schloss Herrenchiemsee für die deutsche Geschichte?
7. Was ist das Besondere an der Frauenkirche in Dresden?

8. Hast du schon einmal das Schloss in Heidelberg besucht? Was hat dir daran gefallen?
9. Welche berühmte Person ist auf der Zugspitze gestorben?
10. Was verbindest du mit dem Schloss Charlottenburg in Berlin?
11. Welche Funktion hatte die Burg Eltz im Mittelalter?
12. Was ist das Besondere am Königssee in Bayern?
13. Wie würdest du das Schloss Wartburg in Thüringen beschreiben?
14. Was weißt du über den Reichstag in Berlin?
15. Wie würdest du den Petersdom in Rom mit dem Kölner Dom vergleichen?
16. Wie würdest du den Berliner Fernsehturm beschreiben?
17. Welche Bedeutung hat das Schloss Neuschwanstein für Deutschland?
18. Warum ist das Brandenburger Tor ein so wichtiges Symbol für Deutschland?

19. Was macht den Hamburger Hafen zu einem so bedeutenden Ort für Deutschland?
20. Wie unterscheidet sich das Schloss Sanssouci von anderen Schlössern in Deutschland?
21. Was ist das Besondere am Schloss Bellevue in Berlin?
22. Wie hat die Berliner Mauer die Geschichte Deutschlands geprägt?
23. Warum ist die Frauenkirche in Dresden so wichtig für Deutschland?
24. Welche Rolle spielt das Brandenburger Tor heute in Berlin?

COOKING AND BAKING · KOCHEN UND BACKEN

1. Was ist dein Lieblingsgericht und wie bereitest du es zu?
2. Welches Gericht aus einer anderen Kultur würdest du gerne mal ausprobieren?
3. Welche Zutat hast du immer im Kühlschrank oder im Vorratsschrank?
4. Wie wichtig ist es für dich, gesund zu kochen?
5. Wie oft kochst du pro Woche?
6. Was sind deine Lieblingsgewürze und warum?
7. Welche Küchengeräte sind für dich unverzichtbar?
8. Wie machst du ein schnelles Frühstück am liebsten?
9. Wie wichtig ist es für dich, regionale und saisonale Zutaten zu verwenden?

10. Wie experimentierfreudig bist du in der Küche?
11. Wie gehst du mit Lebensmittelverschwendung um?
12. Was war das aufwändigste Gericht, das du je gekocht hast?
13. Welche Küche findest du am schwierigsten zu kochen?
14. Welche Küche findest du am einfachsten zu kochen?
15. Wie wichtig ist es für dich, vegane oder vegetarische Gerichte zu kochen?
16. Was ist dein Lieblingsgericht aus deiner Kindheit?
17. Welche Ernährungstrends interessieren dich zurzeit am meisten?
18. Wie wichtig ist es für dich, Bio-Produkte zu kaufen?
19. Wie wichtig ist es für dich, dass dein Essen schön aussieht?
20. Wie oft probierst du neue Rezepte aus?
21. Welche Kochbücher empfiehlst du?

COOKING AND BAKING · KOCHEN UND BACKEN

22. Was sind deine Lieblingsrestaurants?
23. Was sind deine Lieblingscafés?
24. Wie wichtig ist es für dich, gemeinsam mit anderen zu kochen?
25. Wie wichtig ist es für dich, dass dein Essen schnell zubereitet ist?
26. Was sind deine Lieblings-Nudelsorten und wie bereitest du sie zu?
27. Welches Gemüse magst du am liebsten und wie bereitest du es zu?
28. Wie wichtig ist es für dich, dass dein Essen scharf ist?
29. Welches Dessert machst du am liebsten?
30. Wie wichtig ist es für dich, dass dein Essen gesund ist?
31. Welches Gericht hast du schon oft versucht zu kochen, aber ist dir nie gelungen?
32. Was ist das verrückteste Gericht, das du jemals gekocht hast?
33. Was ist das einfachste Gericht, das du jemals gekocht hast?

34. Was ist dein Lieblingsgericht zum Abendessen?
35. Wie wichtig ist es für dich, dass dein Essen günstig ist?
36. Wie wichtig ist es für dich, dass dein Essen leicht verdaulich ist?
37. Welches Gericht kannst du am besten kochen?
38. Was sind deine Lieblingsgewürze und wie kombinierst du sie?
39. Was machst du, wenn du nicht weißt, was du kochen sollst?
40. Welches Getränk passt am besten zu deinem Lieblingsgericht?
41. Welches Küchengerät hast du noch nie benutzt?
42. Was sind deine Tipps, um Zeit beim Kochen zu sparen?
43. Welches Gericht hast du schon oft gekocht, aber wird dir nie langweilig?
44. Wie wichtig ist es für dich, dass dein Essen kalorienarm ist?

COOKING AND BAKING · KOCHEN UND BACKEN

45. Welches Gericht hast du zuletzt in einem Restaurant gegessen und wie hat es geschmeckt?
46. Welches Küchengerät möchtest du unbedingt besitzen?
47. Wie wichtig ist es für dich, dass dein Essen glutenfrei ist?
48. Welches Gemüse oder Obst möchtest du mal selbst anbauen und ernten?
49. Welches Gericht machst du am liebsten für Gäste?
50. Wie wichtig ist es für dich, dass dein Essen würzig ist?
51. Welches Gericht möchtest du lernen, hast du aber bisher noch nicht ausprobiert?
52. Wie wichtig ist es für dich, dass dein Essen bunt ist?
53. Welches Gericht kochst du am liebsten im Winter und warum?
54. Welches Gericht kochst du am liebsten im Sommer und warum?

55. Wie wichtig ist es für dich, dass dein Essen schön serviert wird?
56. Welches Gericht möchtest du mal auf einem Grill zubereiten?
57. Wie wichtig ist es für dich, dass dein Essen einfach zuzubereiten ist?
58. Welches Gericht machst du am liebsten in größeren Mengen zum Einfrieren?
59. Welches Gericht hast du mal aus Versehen verkocht und wie hast du reagiert?
60. Wie wichtig ist es für dich, dass du beim Kochen neue Dinge lernst?

SHOPPING · EINKAUFEN

1. Kaufst du lieber online ein oder gehst du lieber im Laden einkaufen?
2. Was kaufst du am häufigsten ein?
3. Welches Geschäft besuchst du am liebsten?
4. Wie oft gehst du pro Woche einkaufen?
5. Was kaufst du am liebsten gebraucht?
6. Wie wichtig ist es für dich, dass die Kleidung fair produziert wurde?
7. Wie wichtig ist es für dich, dass du beim Einkaufen Geld sparst?
8. Was kaufst du am liebsten lokal?
9. Was ist das teuerste, was du je gekauft hast?
10. Was war das günstigste Schnäppchen, das du je gemacht hast?

11. Wie wichtig ist es für dich, dass deine Kleidung umweltfreundlich produziert wurde?
12. Gehst du gerne auf Flohmärkte?
13. Was kaufst du am liebsten im Supermarkt?
14. Was kaufst du am liebsten auf dem Markt?
15. Was kaufst du am liebsten auf Flohmärkten?
16. Welches Kleidungsstück würdest du gerne mal selbst nähen?
17. Welches Produkt hast du zuletzt online bestellt und wie war deine Erfahrung?
18. Welche Einkaufsmöglichkeiten gibt es in deiner Gegend?
19. Wie wichtig ist es für dich, dass deine Kleidung bequem ist?
20. Welches Produkt hast du zuletzt im Ausland gekauft?
21. Wie wichtig ist es für dich, dass du beim Einkaufen Zeit sparst?
22. Was kaufst du am liebsten bei Drogeriemärkten?
23. Was kaufst du am liebsten in kleinen Läden?

SHOPPING · EINKAUFEN

24. Was kaufst du am liebsten bei Discountern?
25. Welches Geschäft möchtest du unbedingt mal besuchen?
26. Wie wichtig ist es für dich, dass du beim Einkaufen eine große Auswahl hast?
27. Was kaufst du am liebsten auf Reisen?
28. Welche Geschäfte meidest du?
29. Wie wichtig ist es für dich, dass du beim Einkaufen auf Qualität achtest?
30. Welches Produkt kaufst du am liebsten in Bio-Läden?
31. Welches Produkt hast du zuletzt in einem Second-Hand-Laden gekauft?
32. Wie wichtig ist es für dich, dass du beim Einkaufen etwas Neues ausprobierst?
33. Was kaufst du am liebsten auf Vorrat?
34. Welches Produkt hast du zuletzt im Internet recherchiert, bevor du es gekauft hast?
35. Wie wichtig ist es für dich, dass du beim Einkaufen eine gute Beratung erhältst?
36. Was kaufst du am liebsten in Fachgeschäften?

37. Was kaufst du am liebsten in großen Kaufhäusern?
38. Wie wichtig ist es für dich, dass du beim Einkaufen ein gutes Gefühl hast?
39. Was kaufst du am liebsten als Geschenk?
40. Wie wichtig ist es für dich, dass du beim Einkaufen eine positive Energie hast?
41. Was ist das teuerste Kleidungsstück, das du je gekauft hast?
42. Wie wichtig ist es für dich, dass du beim Einkaufen Zeit hast, um verschiedene Produkte zu vergleichen?
43. Was kaufst du am liebsten in Online-Shops?
44. Wie wichtig ist es für dich, dass du beim Einkaufen auf Nachhaltigkeit achtest?
45. Was kaufst du am liebsten auf Wochenmärkten?
46. Wie wichtig ist es für dich, dass du beim Einkaufen eine gute Atmosphäre hast?
47. Was kaufst du am liebsten in Lebensmittelgeschäften?

SHOPPING · EINKAUFEN

48. Welches Produkt möchtest du dir demnächst kaufen?
49. Was kaufst du am liebsten als Souvenir?
50. Was kaufst du am liebsten auf Weihnachtsmärkten?
51. Wie wichtig ist es für dich, dass du beim Einkaufen ein gutes Preis-Leistungs-Verhältnis hast?
52. Wie wichtig ist es für dich, dass du beim Einkaufen auf fairen Handel achtest?
53. Wie wichtig ist es für dich, dass du beim Einkaufen auf lokale Produkte achtest?

GARDENING & PLANTS ·
GARTENARBEIT & PFLANZEN

1. Hast du einen Garten oder Balkon?
2. Wie oft gießt du deine Pflanzen?
3. Welche Pflanzen gedeihen am besten in deinem Garten, Balkon oder in deiner Wohnung?
4. Was ist dein Lieblingsgemüse oder deine Lieblingsfrucht, das/die du in deinem Garten/Balkon anbaust?
5. Wie oft düngst du deine Pflanzen?
6. Wie schützt du deine Pflanzen vor Schädlingen?
7. Hast du schon mal einen Komposthaufen angelegt?
8. Wie gehst du mit Unkraut um?
9. Wie viel Zeit verbringst du pro Woche im Garten?

GARDENING & PLANTS · GARTENARBEIT & PFLANZEN

10. Welche Werkzeuge verwendest du am häufigsten im Garten?
11. Welche Pflanzen blühen bei dir im Garten?
12. Wie schneidest du deine Hecken und Büsche?
13. Was tust du, um deinen Garten im Winter zu schützen?
14. Welches ist deine Lieblingsblume?
15. Wie planst du deinen Garten jedes Jahr neu?
16. Wie viel Platz benötigst du, um einen Garten anzulegen?
17. Wie ziehst du Pflanzen aus Samen heran?
18. Wie lange dauert es, bis ein Garten angelegt ist?
19. Wie viel Geld gibst du pro Jahr für deinen Garten aus?
20. Wie wichtig ist dir der Umweltschutz beim Gärtnern?
21. Wie wichtig ist es, regionale Pflanzen anzubauen?

22. Wie lange dauert es, bis deine Pflanzen reif sind?
23. Was tust du, um die Biodiversität in deinem Garten zu erhöhen?
24. Welche Pflanzen sind besonders pflegeleicht?
25. Wie wichtig ist dir das Aussehen deines Gartens?
26. Wie viele verschiedene Pflanzen hast du in deinem Garten?
27. Welche Pflanzen sind besonders gut für Bienen und andere Bestäuber?
28. Wie gehst du mit dem Thema Wassersparen im Garten um?
29. Wie oft pflanzt du neue Pflanzen in deinem Garten?
30. Welche Gartenarbeiten machst du selbst und welche lässt du von Profis erledigen?
31. Welches sind deine Lieblingspflanzen?
32. Wie wichtig ist es für dich, biologische Lebensmittel selbst anzubauen?

GARDENING & PLANTS · GARTENARBEIT & PFLANZEN

33. Wie wichtig ist dir die Gestaltung deines Gartens?
34. Wie wichtig ist es für dich, deine eigenen Kräuter anzubauen?
35. Welche Pflanzen vertragen sich gut miteinander?
36. Welche Pflanzen sind besonders gut für den Boden?
37. Wie oft erneuerst du deine Erde im Garten?
38. Welche Gartengeräte hast du schon selbst gebaut?
39. Wie gehst du mit dem Thema Gartendekoration um?
40. Welche Pflanzen sind besonders für den Anbau im Schatten geeignet?
41. Wie gestaltest du deinen Garten für Kinder?
42. Wie wichtig ist dir die Verwendung von natürlichen Düngemitteln?
43. Wie gehst du mit dem Thema Schneckenbekämpfung um?
44. Welche Pflanzen sind besonders für den Anbau in Kübeln geeignet?

45. Wie wichtig ist dir das Thema Nachhaltigkeit beim Gärtnern?
46. Wie verhinderst du, dass deine Pflanzen im Winter einfrieren?
47. Wie wichtig ist dir das Thema Nachhaltigkeit beim Gärtnern?
48. Wie verhinderst du, dass deine Pflanzen im Sommer vertrocknen?
49. Wie wichtig ist es für dich, eine biologische Vielfalt in deinem Garten zu schaffen?
50. Wie gehst du mit dem Thema Kompostieren um?
51. Welche Pflanzen eignen sich besonders gut für den Anbau im Hochbeet?
52. Wie wichtig ist dir die Verwendung von insektenfreundlichen Pflanzen?
53. Wie schützt du deine Pflanzen vor Frost?
54. Wie oft solltest du deine Pflanzen im Garten düngen?
55. Wie wichtig ist dir die Verwendung von regionalen Pflanzen?

56. Wie beugst du Krankheiten bei deinen Pflanzen vor?
57. Welche Gartengeräte sind für dich unverzichtbar?
58. Wie wichtig ist es für dich, einen Obstbaum im Garten zu haben?
59. Wie wichtig ist es für dich, einen Nutzgarten anzulegen?
60. Wie gehst du mit dem Thema Bewässerung im Garten um?
61. Welche Pflanzen sind besonders für den Anbau auf Balkonen geeignet?
62. Wie wichtig ist dir die Verwendung von umweltfreundlichen Gartengeräten?
63. Wie gestaltest du deinen Garten, um Tieren einen Lebensraum zu bieten?
64. Wie wichtig ist es für dich, dass dein Garten auch optisch ansprechend ist?

BEAUTY & SKINCARE · SCHÖNHEIT & HAUTPFLEGE

1. Wie wichtig ist dir Hautpflege?
2. Welche Hautpflegeprodukte benutzt du täglich?
3. Welche Hautprobleme hast du und wie gehst du damit um?
4. Welche Zutaten sind dir bei Hautpflegeprodukten wichtig?
5. Wie oft wechselst du deine Hautpflegeprodukte?
6. Welche Hautpflegeroutine empfiehlst du?
7. Wie wichtig ist es für dich, Sonnenschutz zu verwenden?
8. Welche Hautpflegeprodukte dürfen in deinem Badezimmer nicht fehlen?
9. Welche Schritte gehören für dich zu einer perfekten Gesichtspflegeroutine?

BEAUTY & SKINCARE · SCHÖNHEIT & HAUTPFLEGE

10. Welche Produkte nutzt du, um deine Haut zu reinigen?
11. Wie wichtig ist dir der Einsatz von Naturkosmetik bei der Hautpflege?
12. Welche Pflegeprodukte verwendest du, um dein Haar gesund zu halten?
13. Wie oft gönnst du dir eine professionelle Gesichtsbehandlung?
14. Wie wichtig ist dir das Thema Anti-Aging?
15. Wie gehst du mit Hautproblemen wie Akne oder Rosacea um?
16. Wie oft solltest du deine Haut peelen?
17. Welche Hautpflegeprodukte empfiehlst du bei empfindlicher Haut?
18. Wie wichtig ist dir die Verwendung von Tierversuchsfreier Kosmetik?
19. Wie wichtig ist es für dich, eine ausgewogene Ernährung für gesunde Haut zu haben?
20. Welche Hautpflegeprodukte verwendest du, um deine Haut mit Feuchtigkeit zu versorgen?

21. Welche Hautpflegeprodukte sollten Männer in ihre tägliche Routine aufnehmen?
22. Wie wichtig ist es für dich, dass deine Hautpflegeprodukte auf deine Hautbedürfnisse abgestimmt sind?
23. Wie gehst du mit dem Thema Augenpflege um?
24. Welche Hautpflegeprodukte empfiehlst du für ältere Haut?
25. Wie wichtig ist es für dich, dass deine Hautpflegeprodukte frei von Chemikalien sind?
26. Welche Hautpflegeprodukte sollte man im Winter verwenden?
27. Welche Hautpflegeprodukte empfiehlst du für trockene Haut?
28. Wie wichtig ist es für dich, dass deine Hautpflegeprodukte auch ökologisch nachhaltig sind?
29. Wie wichtig ist es für dich, dass deine Hautpflegeprodukte auch das Mikrobiom der Haut unterstützen?

BEAUTY & SKINCARE · SCHÖNHEIT & HAUTPFLEGE

30. Wie gehst du mit dem Thema Augenringe um?
31. Welche Hautpflegeprodukte empfiehlst du für fettige Haut?
32. Wie wichtig ist es für dich, dass deine Hautpflegeprodukte auch die Umwelt schützen?
33. Welche Hautpflegeprodukte empfiehlst du für empfindliche Augenpartien?
34. Wie oft solltest du deine Haare waschen?
35. Wie wichtig ist es für dich, dass deine Haarpflegeprodukte auch natürliche Zutaten enthalten?
36. Welche Haarpflegeprodukte benutzt du täglich?
37. Wie wichtig ist es für dich, dass deine Haarpflegeprodukte auf deine Haarstruktur abgestimmt sind?
38. Wie gehst du mit dem Thema Spliss um?
39. Welche Haarpflegeprodukte empfiehlst du, um Haarausfall zu vermeiden?

40. Wie wichtig ist es für dich, dass deine Haarpflegeprodukte auch die Kopfhaut pflegen?
41. Wie gehst du mit dem Thema Hautunreinheiten um?
42. Welche Make-up-Produkte nutzt du täglich?
43. Wie wichtig ist dir, dass dein Make-up auch natürliche Zutaten enthält?
44. Wie wichtig ist dir, dass dein Make-up auch vegan ist?
45. Wie wichtig ist es für dich, dass dein Make-up wasserfest ist?
46. Wie gehst du mit dem Thema Augenbrauenpflege um?
47. Wie wichtig ist dir, dass dein Make-up auch einen Sonnenschutz enthält?
48. Welche Make-up-Produkte sind für den täglichen Gebrauch unverzichtbar?
49. Wie gehst du mit dem Thema Lippenpflege um?
50. Wie wichtig ist es für dich, dass dein Make-up auch einen Feuchtigkeitsspender enthält?

BEAUTY & SKINCARE · SCHÖNHEIT & HAUTPFLEGE

51. Welche Make-up-Produkte sind für besondere Anlässe unverzichtbar?
52. Wie gehst du mit dem Thema Wimpernverlängerung um?
53. Wie wichtig ist es für dich, dass dein Make-up auch einen Anti-Aging-Effekt hat?
54. Welche Make-up-Produkte empfiehlst du für trockene Haut?
55. Wie gehst du mit dem Thema Lippenstift auftragen um?
56. Wie wichtig ist es für dich, dass dein Make-up auch ein mattes Finish hat?
57. Welche Make-up-Produkte empfiehlst du für fettige Haut?
58. Wie gehst du mit dem Thema Mascara auftragen um?
59. Wie wichtig ist es für dich, dass dein Make-up auch einen Glow-Effekt hat?
60. Welche Make-up-Produkte sind für den Sommer unverzichtbar?

HOME & INTERIOR DESIGN ·
HAUS- & INNENARCHITEKTUR

1. Wie würdest du dein Zuhause in drei Wörtern beschreiben?
2. Welches ist deine Lieblingsfarbe, wenn es um Inneneinrichtung geht?
3. Wie wichtig ist es dir, dass dein Zuhause deinen persönlichen Stil widerspiegelt?
4. Welche Art von Möbeln bevorzugst du in deinem Zuhause?
5. Wie wichtig ist dir die Beleuchtung in deinem Zuhause?
6. Wie würdest du deinen Einrichtungsstil beschreiben?
7. Was ist dein Lieblingsmöbelstück in deinem Zuhause?
8. Welche Rolle spielen Bilder und Kunst in deiner Einrichtung?

HOME & INTERIOR DESIGN · HAUS- & INNENARCHITEKTUR

9. Was ist dein Lieblingsraum in deinem Zuhause und warum?
10. Wie wichtig ist dir die Funktion gegenüber des Aussehens von Möbeln?
11. Welche Art von Bodenbelägen bevorzugst du in deinem Zuhause?
12. Wie wichtig sind Accessoires und Dekorationen in deiner Einrichtung?
13. Wie wichtig sind Pflanzen in deinem Zuhause?
14. Was denkst du über minimalistische Einrichtungen?
15. Wie findest du den Einrichtungsstil des Hauses deiner Freunde oder Familie?
16. Welche Design-Trends findest du im Moment am interessantesten?
17. Welche Farben passen deiner Meinung nach gut zusammen?
18. Wie wichtig ist es, dass dein Zuhause funktional ist?
19. Welche Möbel würdest du gerne in deinem Traumhaus haben?

20. Wie würdest du dein Wohnzimmer einrichten, um eine entspannte Atmosphäre zu schaffen?
21. Was hältst du von selbstgemachten Dekorationen?
22. Wie wichtig ist dir Nachhaltigkeit bei der Einrichtung deines Zuhauses?
23. Wie würde dein ideales Esszimmer aussehen?
24. Was ist dein Lieblingsmuster oder -textur in Bezug auf Einrichtung?
25. Wie wichtig sind große Fenster oder viel Tageslicht für dich?
26. Welche Art von Beleuchtung bevorzugst du in deinem Zuhause?
27. Wie wichtig ist dir eine offene oder abgeschlossene Küche?
28. Wie findest du das Konzept von "Hygge" in der Inneneinrichtung?
29. Welche Art von Bettwäsche bevorzugst du?
30. Wie wichtig sind Vorhänge oder Jalousien für dich?

HOME & INTERIOR DESIGN · HAUS- & INNENARCHITEKTUR

31. Wie würde dein Traumbad aussehen?
32. Wie wichtig ist dir die Temperatur in deinem Zuhause?
33. Welche Art von Stoffen bevorzugst du für Möbel oder Dekorationen?
34. Wie wichtig sind Erinnerungsstücke oder persönliche Gegenstände in deiner Einrichtung?
35. Was hältst du von offenen Regalen vs. geschlossenen Schränken?
36. Wie würdest du eine Galerie an deiner Wand gestalten?
37. Wie würdest du dein Zuhause für einen besonderen Anlass dekorieren?
38. Was ist dein Lieblingsstil in Bezug auf Inneneinrichtung?
39. Welche Art von Teppich bevorzugst du in deinem Zuhause?
40. Wie findest du den Einrichtungsstil von Hotels oder Restaurants?
41. Wie würdest du eine leere Wand in deinem Zuhause dekorieren?

42. Wie wichtig ist dir, dass dein Zuhause einladend für Gäste ist?
43. Welche Art von Küchengeräten sind dir wichtig?
44. Wie wichtig ist dir Feng-Shui bei der Einrichtung?
45. Wie würdest du dein Arbeitszimmer einrichten, um produktiv zu sein?
46. Was ist deine Lieblingsart, Fotos in deinem Zuhause anzuzeigen?
47. Wie wichtig ist es dir, dass deine Einrichtung mit der Jahreszeit wechselt?
48. Welche Art von Küchenarbeitsplatten bevorzugst du?
49. Wie wichtig ist es dir, dass dein Zuhause ordentlich und organisiert ist?
50. Welche Art von Tischen bevorzugst du in deinem Zuhause?
51. Wie würdest du einen offenen Grundriss in deinem Zuhause einrichten?
52. Wie wichtig ist es dir, dass dein Zuhause technologisch auf dem neuesten Stand ist?

53. Welche Art von Stühlen bevorzugst du in deinem Zuhause?
54. Wie würdest du dein Schlafzimmer einrichten, um den besten Schlaf zu haben?
55. Wie wichtig ist es dir, dass dein Zuhause umweltfreundlich ist?
56. Welche Art von Lampen bevorzugst du in deinem Zuhause?
57. Wie würdest du ein kleines Zuhause einrichten, um es größer wirken zu lassen?
58. Wie wichtig ist dir, dass dein Zuhause kindersicher ist?
59. Was hältst du von einem minimalistischen Einrichtungsstil?
60. Wie würdest du dein Zuhause einrichten, um eine entspannte und ruhige Atmosphäre zu schaffen?

HOBBIES & INTERESTS • HOBBYS & INTERESSEN

1. Was sind deine Hobbys und Interessen?
2. Wie viel Zeit verbringst du in der Woche mit deinen Hobbys?
3. Was war das letzte Hobby, das du begonnen hast?
4. Was war das schwierigste Hobby, das du jemals begonnen hast?
5. Bist du eher ein kreativer oder sportlicher Typ?
6. Welches Hobby würdest du gerne ausprobieren?
7. Welches Hobby würdest du nie ausprobieren?
8. Hast du ein Lieblingshobby? Wenn ja, welches?
9. Wie viel Geld gibst du im Monat für deine Hobbys aus?

HOBBIES & INTERESTS · HOBBYS & INTERESSEN

10. Gibt es ein Hobby, das du schon immer machen wolltest, aber noch nie getan hast?
11. Was ist dein Lieblingssport?
12. Gehst du gerne auf Konzerte oder Festivals?
13. Spielst du ein Musikinstrument?
14. Was ist dein Lieblingslied oder deine Lieblingsband?
15. Bist du ein Gamer? Wenn ja, welche Art von Spielen spielst du gerne?
16. Magst du es zu lesen? Wenn ja, was ist dein Lieblingsbuch?
17. Hast du schon einmal eine Sprache gelernt? Wenn ja, welche und wie hast du sie erlernt?
18. Bist du ein Fan von Kunst und Malerei?
19. Machst du gerne DIY-Projekte?
20. Was ist dein Lieblingsfilm oder deine Lieblingsserie?
21. Gehst du gerne auf Reisen? Wenn ja, wo warst du zuletzt?
22. Hast du jemals an einem Wettbewerb oder einer Meisterschaft teilgenommen?

23. Magst du es zu kochen oder zu backen? Wenn ja, was ist dein Lieblingsgericht?
24. Hast du ein Haustier? Wenn ja, welches und wie viel Zeit verbringst du mit ihm?
25. Magst du es zu tanzen? Wenn ja, welche Art von Tanz magst du?
26. Welches ist dein Lieblingsbrettspiel?
27. Bist du gerne in der Natur? Wenn ja, was machst du dort am liebsten?
28. Hast du schon einmal eine Sportart ausprobiert, die du nicht kanntest?
29. Magst du es zu schwimmen oder zu tauchen?
30. Bist du ein Fan von Science-Fiction- oder Fantasy-Geschichten?
31. Wie verbringst du deine Wochenenden am liebsten?
32. Magst du es zu wandern oder zu klettern?
33. Bist du ein Fan von Theater oder Musicals?
34. Was war das verrückteste Hobby, das du jemals ausprobiert hast?

HOBBIES & INTERESTS · HOBBYS & INTERESSEN

35. Hast du schon einmal ein Kunstwerk selbst erschaffen?
36. Bist du ein Fan von Motorrädern oder Autos?
37. Was ist dein Lieblingstier und warum?
38. Bist du ein Fan von Yoga oder Meditation?
39. Magst du es zu reiten oder zu segeln?
40. Treibst du regelmäßig Sport?
41. Was ist deine Lieblingssportart bei den Olympischen Spielen?
42. Magst du es zu fotografieren? Wenn ja, was ist dein Lieblingsmotiv?
43. Hast du schon einmal einen Marathon oder einen Triathlon beendet?
44. Bist du ein Fan von Brettspielen oder Computerspielen?
45. Welche Art von Musik magst du am liebsten?
46. Was ist dein Lieblingszitat und von wem stammt es?
47. Gehst du gerne auf Flohmärkte oder Second-Hand-Läden?

48. Bist du ein Fan von Comics oder Mangas?
49. Magst du es zu malen oder zu zeichnen?
50. Bist du ein Fan von historischen Filmen oder Büchern?
51. Was ist dein Lieblingssportteam?
52. Bist du ein Fan von Architektur oder Design?
53. Magst du es zu nähen oder zu stricken?
54. Was ist dein Lieblingsessen oder deine Lieblingsküche?
55. Bist du ein Fan von Wissenschaft oder Technologie?
56. Magst du es zu campen oder zu angeln?
57. Was ist dein Lieblingsmuseum oder deine Lieblingsgalerie?
58. Bist du ein Fan von Fantasy-Rollenspielen?
59. Magst du es zu singen oder zu musizieren?
60. Was ist dein Lieblingszitat aus einem Film oder einer TV-Serie?
61. Bist du ein Fan von Geschichte oder Kultur?

CHARITY & VOLUNTEERING ·
WOHLTÄTIGKEIT & FREIWILLIGENARBEIT

1. Was bedeutet Freiwilligenarbeit für dich?
2. Wie viel Zeit verbringst du pro Woche mit Freiwilligenarbeit?
3. Welche Art von Freiwilligenarbeit hast du in der Vergangenheit gemacht?
4. Was ist das wichtigste, das du durch Freiwilligenarbeit gelernt hast?
5. Was war dein erster Eindruck von Freiwilligenarbeit?
6. Welche Organisationen hast du in der Vergangenheit unterstützt?
7. Was motiviert dich, dich ehrenamtlich zu engagieren?
8. Welche Fähigkeiten hast du durch Freiwilligenarbeit entwickelt?
9. Was war das befriedigendste Erlebnis, das du während deiner Freiwilligenarbeit hattest?

10. Was sind deine bevorzugten Arten von Freiwilligenarbeit?
11. Bist du Mitglied in einer Wohltätigkeitsorganisation?
12. Welche Arten von Wohltätigkeitsorganisationen unterstützt du?
13. Wie oft spendest du Geld an Wohltätigkeitsorganisationen?
14. Was sind die wichtigsten Werte, die man durch Freiwilligenarbeit lernen kann?
15. Bist du in einem sozialen Netzwerk für Freiwilligenarbeit aktiv?
16. Was sind die Vorteile der Freiwilligenarbeit?
17. Welche Möglichkeiten gibt es, sich als Freiwilliger zu engagieren?
18. Wie kann man sich für eine gute Sache einsetzen, ohne viel Geld zu spenden?
19. Was sind die Herausforderungen, mit denen man bei der Freiwilligenarbeit konfrontiert werden kann?
20. Was sind die wichtigsten Gründe, warum Menschen Freiwilligenarbeit leisten?

CHARITY & VOLUNTEERING · WOHLTÄTIGKEIT & FREIWILLIGENARBEIT

21. Was ist dein Lieblingsprojekt, an dem du teilgenommen hast?
22. Wie kann man Kinder und Jugendliche dazu ermutigen, sich ehrenamtlich zu engagieren?
23. Bist du der Meinung, dass sich jeder ehrenamtlich engagieren sollte? Warum?
24. Was ist die Bedeutung von Corporate Social Responsibility (CSR) in der heutigen Geschäftswelt?
25. Wie kann man eine Kultur des ehrenamtlichen Engagements in einer Gemeinschaft aufbauen?
26. Welche Rolle spielt Freiwilligenarbeit bei der Lösung von gesellschaftlichen Problemen?
27. Wie kann man sich als Freiwilliger auf die Bedürfnisse einer Gemeinschaft konzentrieren?
28. Was sind die besten Praktiken, um eine erfolgreiche Freiwilligenarbeit zu organisieren?
29. Was sind die wichtigsten Vorteile der Freiwilligenarbeit für Arbeitgeber?

30. Wie kann man ältere Menschen dazu ermutigen, sich als Freiwillige zu engagieren?
31. Was sind die Gründe, warum Menschen aus verschiedenen Altersgruppen Freiwilligenarbeit leisten?
32. Wie kann man die Freiwilligenarbeit in einer Organisation maximieren?
33. Wie wichtig ist es, Freiwilligenarbeit mit der Arbeit oder dem Studium zu kombinieren?
34. Was sind die Voraussetzungen, um Freiwilligenarbeit im Ausland zu leisten?
35. Was sind die Herausforderungen der Freiwilligenarbeit im Ausland?
36. Wie kann man sicherstellen, dass Freiwilligenarbeit im Ausland nachhaltig ist?
37. Was sind die Gründe, warum Menschen in anderen Ländern Freiwilligenarbeit leisten?
38. Wie wichtig ist die Zusammenarbeit mit lokalen Organisationen bei der Freiwilligenarbeit im Ausland?

39. Was sind die Auswirkungen der Freiwilligenarbeit auf das Leben der Menschen in den Gemeinden?
40. Wie kann man die Ergebnisse der Freiwilligenarbeit messen?
41. Was sind die wichtigsten Fähigkeiten, die man als Freiwilliger im Ausland benötigt?
42. Wie wichtig ist es, die lokale Kultur und Sprache bei der Freiwilligenarbeit im Ausland zu verstehen?
43. Was sind die wichtigsten Voraussetzungen für eine erfolgreiche Freiwilligenarbeit im Ausland?
44. Wie kann man eine erfolgreiche Partnerschaft zwischen Freiwilligen und Organisationen aufbauen?
45. Was sind die Vorteile von Freiwilligenarbeit für die persönliche Entwicklung?
46. Was sind die Herausforderungen, mit denen man als Freiwilliger konfrontiert werden kann?

47. Wie kann man eine erfolgreiche Freiwilligenarbeit in einer Krisensituation leisten?
48. Was sind die besten Praktiken für eine erfolgreiche Freiwilligenarbeit in einer Krisensituation?
49. Wie kann man eine erfolgreiche Freiwilligenarbeit in einer internationalen Krise leisten?
50. Wie kann man sich als Freiwilliger auf eine humanitäre Krise vorbereiten?
51. Was sind die wichtigsten Gründe, warum Menschen in einer Krise Freiwilligenarbeit leisten?
52. Wie kann man eine erfolgreiche Freiwilligenarbeit im Gesundheitswesen leisten?
53. Wie kann man sich als Freiwilliger im Gesundheitswesen auf eine Krise vorbereiten?
54. Was sind die Vorteile von Freiwilligenarbeit im Gesundheitswesen?

55. Wie wichtig ist die Zusammenarbeit mit medizinischen Fachkräften bei der Freiwilligenarbeit im Gesundheitswesen?
56. Wie kann man als Freiwilliger im Bildungsbereich eine erfolgreiche Freiwilligenarbeit leisten?
57. Wie kann man als Freiwilliger im Umweltschutz eine erfolgreiche Freiwilligenarbeit leisten?
58. Was sind die Herausforderungen, mit denen man als Freiwilliger im Umweltschutz konfrontiert werden kann?
59. Wie wichtig ist die Zusammenarbeit mit anderen Organisationen bei der Freiwilligenarbeit im Umweltschutz?

PHILOSOPHY · PHILOSOPHIE

1. Was denkst du, was Philosophie ist und warum ist sie wichtig?
2. Welche Fragen glaubst du, sind die wichtigsten, die die Philosophie stellt?
3. Wenn du ein Philosoph wärst, welche Frage würdest du am liebsten beantworten und warum?
4. Wie siehst du den Unterschied zwischen Philosophie und Religion?
5. Welcher Philosoph hat dich am meisten inspiriert und warum?
6. Welche Fragen hast du persönlich über den Sinn des Lebens?
7. Was ist deine Meinung dazu, ob es einen Unterschied zwischen "gut" und "böse" gibt und warum?
8. Was bedeutet Freiheit für dich persönlich?

PHILOSOPHY · PHILOSOPHIE

9. Glaubst du, dass es eine universelle Moral gibt und wenn ja, welche?
10. Wie siehst du das Konzept der Gerechtigkeit und was macht es für dich aus?
11. Was bedeutet Wahrheit für dich und wie würdest du sie definieren?
12. Was bedeutet Schönheit für dich und welche Rolle spielt sie in deinem Leben?
13. Wie unterscheidest du zwischen Wissen und Glauben?
14. Was bedeutet Toleranz für dich und warum ist sie wichtig?
15. Wie denkst du darüber, wie sich westliches Denken von östlichen Philosophien wie dem Taoismus oder dem Buddhismus unterscheidet?
16. Gibt es für dich eine Verbindung zwischen Wissen und Macht und was denkst du darüber?
17. Was ist für dich der Zweck von Bildung und welche Bedeutung hat sie für dich?

18. Was bedeutet für dich persönlich, ein gutes Leben zu führen?
19. Wie siehst du die Verbindung zwischen Glück und Erfolg und was ist deine Meinung dazu?
20. Was ist für dich das Konzept von Liebe und was bedeutet es für dich?
21. Wie wichtig ist es für dich, deine Fehler anzuerkennen und warum?
22. Gibt es für dich eine Verbindung zwischen Kreativität und Wahnsinn und wie siehst du das?
23. Was ist für dich die Bedeutung von Zeit?
24. Was ist für dich der Sinn des Denkens und wie wichtig ist er für dich?
25. Was ist für dich der Zweck von Sprache und wie siehst du ihre Bedeutung?
26. Wie wichtig ist für dich persönlich die Intuition in der Philosophie und warum?
27. Wie denkst du darüber, wie die Umgebung unsere Wahrnehmung der Welt beeinflusst?

PHILOSOPHY · PHILOSOPHIE

28. Was bedeutet für dich persönlich das Konzept von Werten und welche Rolle spielen sie in deinem Leben?
29. Wie wichtig ist es für dich, dich selbst zu kennen und warum?
30. Was bedeutet für dich persönlich Leidenschaft und welche Bedeutung hat sie für dich?
31. Wie wichtig ist für dich persönlich die Erfahrung in der Philosophie?
32. Was ist für dich der Unterschied zwischen Wahrheit und Wirklichkeit und wie siehst du das?
33. Was ist für dich persönlich der Zweck von Kunst und welche Rolle spielt sie in deinem Leben?
34. Wie wichtig ist für dich persönlich die Idee der Gleichheit und warum?
35. Wie siehst du den Unterschied zwischen Körper und Geist und wie ist deine Meinung dazu?

36. Was ist für dich der Sinn von Meditation und welche Bedeutung hat sie in deinem Leben?
37. Wie wichtig ist für dich persönlich die Idee der Gemeinschaft und warum?
38. Was ist für dich persönlich das Konzept der Verantwortung und welche Rolle spielt es in deinem Leben?
39. Wie wichtig ist es für dich, eine eigene Meinung zu haben und warum?
40. Wie siehst du den Unterschied zwischen Objektivität und Subjektivität und was ist deine Meinung dazu?
41. Was bedeutet für dich persönlich das Konzept von Sprichwörtern und wie siehst du ihre Bedeutung?
42. Wie wichtig ist für dich persönlich die Vorstellungskraft in der Philosophie und warum?
43. Was ist für dich der Zweck von Träumen und wie siehst du das?
44. Wie siehst du den Sinn von Krieg und was ist deine Meinung dazu?

PHILOSOPHY · PHILOSOPHIE

45. Wie wichtig ist für dich persönlich die Natur in der Philosophie und warum?
46. Was ist für dich der Unterschied zwischen Schönheit und Ästhetik und wie siehst du das?
47. Wie siehst du die Bedeutung von Gleichheit und was ist deine Meinung dazu?
48. Was ist für dich der Zweck von Religion und welche Rolle spielt sie in deinem Leben?
49. Wie wichtig ist für dich persönlich die Idee der Individualität und warum?
50. Wie siehst du den Unterschied zwischen westlicher und östlicher Philosophie und was ist deine Meinung dazu?
51. Was bedeutet für dich persönlich Ethik und welche Rolle spielt sie in deinem Leben?
52. Wie wichtig ist für dich persönlich die Idee der Freiheit und warum?
53. Was ist für dich der Zweck von Freundschaft und wie siehst du ihre Bedeutung?

54. Wie siehst du die Bedeutung von Wissen und wie wichtig ist es für dich, Wissen zu erlangen?
55. Was ist für dich der Zweck von Sprache und wie siehst du ihre Bedeutung?
56. Wie wichtig ist für dich persönlich die Vorstellung von "Recht" und "Unrecht" und warum?
57. Wie siehst du die Bedeutung von Erfahrung und wie wichtig ist es für dich, Erfahrungen zu machen?
58. Was ist für dich der Unterschied zwischen Wahrheit und Meinung und wie siehst du das?
59. Wie wichtig ist für dich persönlich die Idee der Hoffnung und warum?

HABITS & ROUTINES · GEWOHNHEITEN & ROUTINEN

1. Was sind deine täglichen Gewohnheiten und Rituale?
2. Was ist der Unterschied zwischen Gewohnheit und Routine?
3. Wie beeinflussen Gewohnheiten dein Leben?
4. Wie wichtig ist es, positive Gewohnheiten zu entwickeln?
5. Was ist das Schwierigste beim Aufbau neuer Gewohnheiten?
6. Was sind deine Strategien, um schlechte Gewohnheiten loszuwerden?
7. Wie wichtig ist die Routine in deinem Leben?
8. Wie entwickelst du eine erfolgreiche Routine?
9. Wie wichtig ist es, sich an eine Routine zu halten?

10. Was sind einige positive Gewohnheiten, die man im täglichen Leben aufbauen kann?
11. Wie beeinflussen Gewohnheiten deine Produktivität?
12. Wie wichtig ist es, eine feste Schlafenszeit zu haben?
13. Wie kannst du deinen Tag besser planen und organisieren?
14. Wie wichtig sind Pausen und Erholung in deiner täglichen Routine?
15. Wie gehst du mit Unterbrechungen deiner Routine um?
16. Was sind die Vorteile von morgendlichen Routinen?
17. Wie wichtig ist es, sich regelmäßig Zeit zum Entspannen zu nehmen?
18. Was sind einige ungesunde Gewohnheiten, die man vermeiden sollte?
19. Wie kann man sich motivieren, um positive Gewohnheiten aufzubauen?
20. Wie wichtig ist es, seine Fortschritte beim Aufbau neuer Gewohnheiten zu verfolgen?

21. Wie gehst du mit Ablenkungen um, während du versuchst, eine neue Gewohnheit zu entwickeln?
22. Wie wichtig ist es, eine gesunde Ernährung in deine tägliche Routine aufzunehmen?
23. Wie gehst du mit dem Überwinden von Gewohnheiten um, die dich zurückhalten?
24. Was sind einige gesunde Gewohnheiten, die man in der Arbeitsumgebung entwickeln kann?
25. Wie wichtig ist es, körperliche Bewegung in deine tägliche Routine aufzunehmen?
26. Wie gehst du mit Veränderungen in deiner Routine um?
27. Wie wichtig ist es, regelmäßig Zeit für Selbstreflexion und Selbstentwicklung zu haben?
28. Was sind einige Tipps, um sich an eine neue Routine zu gewöhnen?
29. Wie wichtig ist es, eine Balance zwischen Arbeit und Freizeit in deiner Routine zu finden?

30. Wie gehst du mit Zeitdruck und Stress in deiner täglichen Routine um?
31. Was sind einige Strategien, um eine gesunde Work-Life-Balance zu erreichen?
32. Wie wichtig ist es, täglich kreative Aktivitäten in deine Routine aufzunehmen?
33. Wie gehst du mit der Überwindung von Prokrastination um?
34. Was sind einige tägliche Rituale, die dir helfen, dein Selbstbewusstsein zu stärken?
35. Wie wichtig ist es, sich Zeit zum Entspannen und Abschalten zu nehmen?
36. Wie gehst du mit Änderungen in deinem Leben um und wie wirken sich diese auf deine Routine aus?
37. Wie wichtig ist es, die täglichen Fortschritte beim Aufbau von Gewohnheiten zu feiern?
38. Wie gehst du mit Ablenkungen durch Social Media oder das Internet um?
39. Wie wichtig ist es, gesunde Beziehungen zu anderen Menschen in deine tägliche Routine einzubeziehen?

40. Wie gehst du mit der Etablierung von Gewohnheiten in einer Gruppe um?
41. Was sind einige tägliche Rituale, die dir helfen, deine emotionale Gesundheit zu stärken?
42. Wie wichtig ist es, regelmäßig Zeit zum Lesen und Lernen in deine Routine aufzunehmen?
43. Wie gehst du mit der Überwindung von Faulheit um?
44. Was sind einige tägliche Rituale, die dir helfen, produktiver zu sein?
45. Wie wichtig ist es, deinen Tag mit einer positiven Einstellung zu beginnen?
46. Wie gehst du mit der Überwindung von Angst und Unsicherheit um?
47. Was sind einige Strategien, um eine produktive Arbeitsumgebung zu schaffen?
48. Wie wichtig ist es, regelmäßig Zeit für persönliche Ziele und Interessen in deine Routine aufzunehmen?

49. Wie gehst du mit unvorhergesehenen Ereignissen um, die deine Routine stören?
50. Wie wichtig ist es, täglich eine positive Bestätigung oder Affirmation zu haben?
51. Wie gehst du mit dem Überwinden von Selbstzweifeln und Unsicherheiten um?
52. Was sind einige Strategien, um eine effektive Morgenroutine zu entwickeln?
53. Wie wichtig ist es, täglich Zeit für Selbstpflege und persönliche Hygiene zu haben?
54. Wie gehst du mit der Überwindung von Faulheit um, wenn du versuchst, eine neue Gewohnheit aufzubauen?
55. Was sind einige tägliche Rituale, die dir helfen, deine mentale Gesundheit zu stärken?
56. Wie wichtig ist es, regelmäßig Zeit für Freunde und Familie in deine tägliche Routine aufzunehmen?

57. Wie gehst du mit dem Überwinden von Hindernissen um, wenn du versuchst, eine neue Gewohnheit aufzubauen?
58. Was sind einige Strategien, um eine effektive Abendroutine zu entwickeln?
59. Wie wichtig ist es, täglich Zeit für Dankbarkeit und positive Gedanken zu haben?

PETS · HAUSTIERE

1. Hast du zurzeit ein Haustier?
2. Hattest du mal ein Haustier in der Vergangenheit? Wenn ja, was war es und wie lange hattest du es?
3. Warum haben Menschen Haustiere?
4. Wenn du ein Haustier haben könntest, welches würdest du wählen und warum?
5. Welche Art von Haustier findest du am lustigsten und warum?
6. Wie denkst du, sollte man Haustiere behandeln?
7. Wie verbringen Haustiere ihren Tag, wenn wir nicht zu Hause sind?
8. Was glaubst du, wie fühlen sich Haustiere, wenn wir nicht zu Hause sind?
9. Wie kann man ein Haustier dazu bringen, dir zu vertrauen?

PETS · HAUSTIERE

10. Wie kann man sicherstellen, dass ein Haustier in deinem Zuhause glücklich und gesund ist?
11. Was sind einige Dinge, die du tun kannst, um dich um ein Haustier zu kümmern?
12. Wie kannst du herausfinden, welche Art von Haustier am besten zu dir passt?
13. Was ist das Schwierigste bei der Pflege eines Haustiers?
14. Wie kannst du einem Haustier beibringen, dich zu respektieren und dir zu gehorchen?
15. Wie kannst du einem Haustier beibringen, Tricks zu machen?
16. Wie kannst du ein Haustier dazu bringen, sich wohl zu fühlen, wenn es neue Menschen trifft?
17. Wie kannst du einem Haustier beibringen, in einem bestimmten Bereich zu bleiben oder etwas nicht zu tun?
18. Wie kannst du einem Haustier beibringen, stubenrein zu sein?
19. Was sind einige Dinge, die man beachten sollte, wenn man mit einem Haustier spielt?

20. Wie kannst du einem Haustier beibringen, auf dich zu hören und deinen Anweisungen zu folgen?
21. Was sind einige wichtige Dinge, die man beachten sollte, wenn man ein neues Haustier nach Hause bringt?
22. Was sind einige Dinge, die man tun kann, um ein Haustier glücklich zu machen?
23. Was sind einige Dinge, die man tun kann, um ein Haustier gesund zu halten?
24. Was sind einige Dinge, die man beachten sollte, wenn man ein Haustier in einem Haus mit Kindern hat?
25. Wie kannst du einem Haustier beibringen, nicht auf Möbel oder andere Dinge im Haus zu springen?
26. Was sind einige Dinge, die man beachten sollte, wenn man ein Haustier trainiert?
27. Was denkst du, welche Haustiere sind die beliebtesten und warum?
28. Wie wichtig sind Haustiere in deinem Leben?

PETS · HAUSTIERE

29. Welche Haustiere findest du am süßesten oder am interessantesten und warum?
30. Was sind einige positive Eigenschaften von Haustieren?
31. Was sind einige der Nachteile von Haustieren?
32. Wie wichtig ist es, Haustiere artgerecht zu halten?
33. Wie viel Zeit und Geld ist notwendig, um ein Haustier zu halten?
34. Was sind einige Gründe, warum jemand kein Haustier haben sollte?
35. Welche Verantwortung hat man, wenn man ein Haustier hat?
36. Wie können Haustiere zu einer besseren Gesundheit beitragen?
37. Was sind einige Dinge, die man beachten sollte, bevor man sich für ein Haustier entscheidet?
38. Wie kann man Haustiere trainieren und was sind einige wichtige Dinge, die man dabei beachten sollte?

39. Wie wichtig ist es, Haustiere zu pflegen und regelmäßig zum Tierarzt zu bringen?
40. Was sind einige Gründe, warum Menschen Tiere adoptieren?
41. Was sind einige Gründe, warum Menschen Tiere kaufen?
42. Wie können Haustiere eine Familie bereichern?
43. Wie wichtig ist es, Haustiere artgerecht zu ernähren?
44. Was sind einige wichtige Dinge, die man beachten sollte, wenn man mit einem Haustier reist?
45. Wie wichtig ist es, Haustiere zu sozialisieren?
46. Was sind einige Gründe, warum Menschen Tiere retten?
47. Was sind einige Gründe, warum Menschen Tiere züchten?
48. Wie wichtig ist es, eine gute Beziehung zu deinem Haustier aufzubauen?
49. Was sind einige wichtige Dinge, die man beachten sollte, wenn man ein Haustier in der Wohnung hält?

PETS · HAUSTIERE

50. Wie wichtig ist es, Haustiere zu verstehen und ihre Bedürfnisse zu respektieren?
51. Was sind einige Gründe, warum Menschen sich für exotische Haustiere entscheiden?
52. Was sind einige Dinge, die man beachten sollte, wenn man mit einem Haustier im Freien unterwegs ist?
53. Wie wichtig ist es, Haustiere zu erziehen und was sind wichtige Dinge, die man dabei beachten sollte?
54. Was sind einige Gründe, warum Menschen mit Haustieren länger leben?
55. Wie wichtig ist es, Haustiere zu trainieren und was ist wichtig zu beachten?
56. Was sind einige Gründe, warum Menschen mit Haustieren glücklicher sind?
57. Was sind einige wichtige Dinge, die man beachten sollte, wenn man ein Haustier mit anderen Haustieren zusammenbringt?
58. Wie wichtig ist es, Haustiere zu schützen und vor Gefahren zu bewahren?
59. Was sind einige Gründe, warum Menschen mit Haustieren weniger gestresst sind?

WEATHER & SEASONS · WETTER & JAHRESZEITEN

1. Welches Wetter magst du am liebsten und warum?
2. Wie beeinflusst das Wetter deinen Alltag?
3. Welche Jahreszeit magst du am liebsten und warum?
4. Wie beeinflussen die Jahreszeiten deinen Alltag?
5. Was ist der Unterschied zwischen Wetter und Klima?
6. Was sind die vier Jahreszeiten und welche Eigenschaften haben sie?
7. Wie verändert sich die Natur während der verschiedenen Jahreszeiten?
8. Welche Aktivitäten machst du am liebsten in jeder Jahreszeit?
9. Welches Wetter findest du am besten für den Urlaub?

WEATHER & SEASONS · WETTER & JAHRESZEITEN

10. Wie beeinflusst das Wetter deine Stimmung?
11. Welche Kleidung trägt man am besten bei bestimmten Wetterbedingungen?
12. Welche Tiere mögen welches Wetter am liebsten?
13. Wie kann man sich auf extreme Wetterbedingungen wie Hitze, Kälte oder Sturm vorbereiten?
14. Welches Wetter ist am besten für Sportaktivitäten geeignet?
15. Wie kann man das Wetter beeinflussen?
16. Was sind einige typische Wetterphänomene, die in deiner Region vorkommen?
17. Wie beeinflussen Klimaveränderungen das Wetter?
18. Welches Wetter mögen die meisten Menschen?
19. Was sind einige der unangenehmsten Wetterbedingungen und wie kann man sich davor schützen?
20. Wie kann man das Wetter vorhersagen?

21. Was sind einige der schönsten Wetterbedingungen, die man erleben kann?
22. Wie beeinflusst das Wetter deine Pläne?
23. Was sind einige Dinge, die man tun kann, wenn man drinnen bleiben muss wegen schlechtem Wetter?
24. Wie beeinflussen Wetterextreme die Umwelt?
25. Was sind einige der besten Outdoor-Aktivitäten, die man in jeder Jahreszeit machen kann?
26. Was sind einige der häufigsten Wetterphänomene auf der ganzen Welt?
27. Wie beeinflusst das Wetter die Landwirtschaft?
28. Wie wichtig ist es, das Wetter zu verstehen?
29. Wie beeinflusst das Wetter die Gesundheit?
30. Wie können wir das Wetter besser nutzen, um unsere Aktivitäten zu planen?
31. Was sind einige der ungewöhnlichsten Wetterbedingungen, die du erlebt hast?
32. Wie beeinflusst das Wetter den Tourismus?

WEATHER & SEASONS · WETTER & JAHRESZEITEN

33. Was sind einige der interessantesten Wetterphänomene, die man beobachten kann?
34. Wie beeinflussen die Jahreszeiten die Wanderung von Tieren?
35. Wie wichtig ist es, sich auf verschiedene Wetterbedingungen vorzubereiten?
36. Was sind einige der besten Indoor-Aktivitäten, die man bei schlechtem Wetter machen kann?
37. Was sind einige Dinge, die man tun kann, um sich bei heißem Wetter abzukühlen?
38. Wie beeinflusst das Wetter die Ernte von Früchten und Gemüse?
39. Welches Wetter bringt dich zum Lachen und warum?
40. Was sind einige Dinge, die man tun kann, um bei Kälte warm zu bleiben?
41. Wie beeinflussen Wetterbedingungen das Leben von Tieren?
42. Was sind einige der besten Outdoor-Aktivitäten, die man im Sommer machen kann?

43. Wie wichtig ist es, das Wetter bei der Planung von Reisen zu berücksichtigen?
44. Was sind einige der erstaunlichsten Wetterphänomene, die auf der ganzen Welt vorkommen?
45. Wie beeinflussen Wetterbedingungen den Flugverkehr?
46. Was sind einige der besten Winteraktivitäten, die man machen kann?
47. Wie wichtig ist es, das Wetter bei der Planung von Outdoor-Aktivitäten zu berücksichtigen?
48. Wie beeinflussen die Jahreszeiten das Leben der Pflanzen?
49. Welche Jahreszeit magst du am meisten?
50. Was sind einige der besten Frühlingsaktivitäten, die man machen kann?
51. Wie beeinflussen Wetterbedingungen den Straßenverkehr?
52. Was sind einige Dinge, die man tun kann, um bei Regen drinnen Spaß zu haben?

WEATHER & SEASONS · WETTER & JAHRESZEITEN

53. Wie wichtig ist es, das Wetter bei der Planung von Veranstaltungen zu berücksichtigen?
54. Was sind einige der besten Herbstaktivitäten, die man machen kann?
55. Wie beeinflussen Wetterbedingungen die Verfügbarkeit von Nahrungsmitteln?
56. Was sind einige der gefährlichsten Wetterphänomene, die man erleben kann?
57. Wie wichtig ist es, das Wetter bei der Planung von Outdoor-Fotografie zu berücksichtigen?
58. Was sind einige der erstaunlichsten Wetterbedingungen, die du erlebt hast?
59. Wie beeinflussen Wetterbedingungen den Zugang zu sauberem Wasser?

NIGHTLIFE & ENTERTAINMENT • NACHTLEBEN & UNTERHALTUNG

1. Was ist dein Lieblingsort, um nachts auszugehen?
2. Magst du es, in Bars oder Clubs zu gehen?
3. Was ist dein Lieblingsgetränk in einer Bar?
4. Gehst du oft auf Konzerte oder Festivals?
5. Welches ist das beste Konzert, das du je besucht hast?
6. Was ist dein Lieblingsfilmgenre?
7. Welchen Film hast du zuletzt im Kino gesehen?
8. Was ist dein Lieblings-TV-Show-Genre?
9. Was ist deine Lieblings-TV-Show?
10. Hast du schon mal Improvisationstheater gesehen?
11. Welches ist das beste Theaterstück, das du je gesehen hast?

NIGHTLIFE & ENTERTAINMENT · NACHTLEBEN & UNTERHALTUNG

12. Was ist deine Meinung zu Karaoke?
13. Was ist deine Lieblingsmusikrichtung?
14. Was ist das beste Musikfestival, auf dem du jemals warst?
15. Welche Art von Tanz magst du?
16. Was ist dein Lieblingstanz?
17. Welcher ist dein Lieblingsclub?
18. Was ist dein Lieblingsrestaurant für ein Date?
19. Was ist dein Lieblingsessen, das du zum Abendessen würdest?
20. Magst du es, Billard oder Darts zu spielen?
21. Gehst du gerne auf Partys?
22. Was ist das beste Kostüm, das du jemals getragen hast?
23. Was ist das beste Spiel, das du jemals im Casino gespielt hast?
24. Magst du es, auf Karnevals- oder Weihnachtsmärkten zu gehen?
25. Was ist dein Lieblings-Drink auf einer Party?
26. Was ist das beste Geschenk, das du jemals bei einer Verlosung gewonnen hast?

27. Magst du es, Comedy-Shows zu besuchen?
28. Was ist das beste Stand-up-Comedy-Event, das du je besucht hast?
29. Was ist deine Meinung über den Trend zu Online-Veranstaltungen in der Unterhaltungsbranche?
30. Was hältst du von Karaoke-Abenden in Bars?
31. Was ist deine Meinung zu Clubmusik und DJs?
32. Wie denkst du über den Einsatz von Pyrotechnik bei Konzerten und Festivals?
33. Was hältst du von Open-Air-Veranstaltungen im Vergleich zu Indoor-Veranstaltungen?
34. Wie stehst du zu Bars und Clubs, die spezielle Themenabende veranstalten?
35. Was ist deine Meinung zum Dresscode in Bars und Clubs?
36. Wie findest du die Idee von Silent Disco-Partys, bei denen die Musik über Kopfhörer gehört wird?

NIGHTLIFE & ENTERTAINMENT · NACHTLEBEN & UNTERHALTUNG

37. Wie denkst du über den Einsatz von Lichteffekten bei Musikveranstaltungen?
38. Was hältst du von Gesellschaftsspielen in Bars und Cafés?
39. Wie stehst du zu Veranstaltungen, bei denen Essen und Trinken im Vordergrund stehen?
40. Was ist deine Meinung zur Legalisierung von Marihuana und anderen Drogen in Verbindung mit dem Nachtleben?
41. Wie findest du die Idee von Partys, die bis zum Morgengrauen dauern?
42. Was hältst du von Veranstaltungen, bei denen man sich verkleiden muss?
43. Wie stehst du zu Konzerten und Veranstaltungen, bei denen es um politische Themen geht?
44. Was ist deine Meinung zum Trend von Virtual-Reality-Veranstaltungen in der Unterhaltungsbranche?
45. Wie findest du es, wenn Veranstaltungen keine Handys oder Fotos erlauben?

46. Was hältst du von Events, die sich speziell an eine bestimmte Altersgruppe richten?
47. Wie stehst du zu Veranstaltungen, die sich an eine bestimmte kulturelle oder Gruppe richten?
48. Was denkst du über die Verwendung von sozialen Medien, um Veranstaltungen zu bewerben?
49. Wie findest du die Idee von Pop-up-Events und temporären Bars?
50. Was ist deine Meinung zu Veranstaltungen, bei denen es um Speed-Dating und Networking geht?
51. Wie stehst du zu Veranstaltungen, die sich auf Gaming und E-Sports konzentrieren?
52. Was hältst du von Comedy-Veranstaltungen und Stand-up-Comedy-Shows?
53. Wie denkst du über die Verwendung von Feuerwerken und Lichtshows bei Musikveranstaltungen?
54. Was ist deine Meinung zu exklusiven Veranstaltungen und Partys?

55. Wie findest du die Idee von interaktiven Theater- und Dinner-Shows?
56. Was hältst du von Veranstaltungen, die sich an bestimmte Musikgenres oder -künstler richten?
57. Wie stehst du zu Veranstaltungen, bei denen es um Kunst und Kultur geht, wie z.B. Kunstveranstaltungen oder Poetry Slams?

HUMAN BIOLOGY · MENSCHLICHE BIOLOGIE

1. Wie funktioniert das Verdauungssystem?
2. Wie funktioniert das Immunsystem?
3. Was sind die Vorteile und Nachteile von Sonnenlicht?
4. Wie funktioniert das Herz-Kreislauf-System?
5. Warum müssen wir schlafen?
6. Wie funktioniert das Atmungssystem?
7. Warum schwitzen wir?
8. Wie funktioniert das Nervensystem?
9. Warum ist Wasser trinken so wichtig?
10. Was ist ein Knochenbruch und wie heilt er?
11. Warum bekommen Frauen ihre Periode?
12. Wie funktioniert das Gehirn?
13. Was sind die Auswirkungen von Stress auf den Körper?
14. Warum ist regelmäßiges Zähneputzen wichtig?

HUMAN BIOLOGY · MENSCHLICHE BIOLOGIE

15. Wie funktionieren die Augen und das Sehen?
16. Was sind die Vorteile von körperlicher Bewegung?
17. Wie funktionieren die Ohren und das Hören?
18. Warum müssen wir regelmäßig zur Vorsorgeuntersuchung gehen?
19. Was ist eine Infektion und wie wird sie behandelt?
20. Wie funktioniert das Hormonsystem?
21. Was sind die Auswirkungen von Junkfood auf den Körper?
22. Wie funktionieren die Muskeln und das Bewegungssystem?
23. Warum ist ausreichender Schlaf wichtig für unsere Gesundheit?
24. Wie funktionieren die Geschmacksnerven?
25. Was sind die Auswirkungen von Rauchen auf den Körper?
26. Wie funktioniert die Haut und was ist ihre Funktion?
27. Warum ist ausreichendes Trinken wichtig für unseren Körper?

28. Wie funktionieren die Sinne und was sind ihre Funktionen?
29. Was sind die Auswirkungen von Alkohol auf den Körper?
30. Warum ist eine ausgewogene Ernährung wichtig für unsere Gesundheit?
31. Wie funktioniert das lymphatische System?
32. Was sind die Auswirkungen von Schlafmangel auf den Körper?
33. Warum ist ausreichende Bewegung wichtig für unsere Gesundheit?
34. Wie funktioniert das Atemsystem?
35. Was sind die Auswirkungen von Drogen auf den Körper?
36. Wie funktioniert das Kreislaufsystem?
37. Warum ist es wichtig, Stress abzubauen?
38. Was sind die Auswirkungen von Fettleibigkeit auf den Körper?
39. Warum ist es wichtig, sich vor Sonnenbrand zu schützen?

HUMAN BIOLOGY · MENSCHLICHE BIOLOGIE

40. Wie funktionieren die Sinne bei verschiedenen Tieren? Welche sind besser oder weniger ausgebildet?
41. Wie funktioniert das Fortpflanzungssystem bei verschiedenen Tieren?
42. Warum ist es wichtig, sich regelmäßig die Hände zu waschen?
43. Was ist deine Meinung zu Sportarten, bei denen man sich Verletzungen zuziehen kann, wie z.B. Rugby oder American Football?
44. Wie stehst du zu Schönheitsoperationen?
45. Was ist deine Meinung zu vegetarischer oder veganer Ernährung?
46. Wie findest du die Idee von Ergänzungsmitteln und Vitaminpräparaten?
47. Was hältst du von der Verwendung alternativer Heilmethoden?
48. Wie denkst du über den Einsatz von Medikamenten zur Verbesserung von mentaler Leistung und Konzentration?
49. Was ist deine Meinung zu Fast Food und Junkfood?

50. Wie stehst du zu gentechnisch veränderten Lebensmitteln und ihren Auswirkungen auf den Körper?
51. Was hältst du von der Idee, bestimmte Lebensmittelgruppen komplett aus der Ernährung zu streichen?
52. Wie denkst du über die Verwendung von Technologie zur Überwachung der Gesundheit und Fitness, wie z.B. Fitness-Tracker und Smartwatches?

MUSEUMS & GALLERIES · MUSEEN & GALERIEN

1. Welches ist dein Lieblingsmuseum oder deine Lieblingsgalerie in Deutschland?
2. Was war das interessanteste Museum oder die interessanteste Galerie, die du je besucht hast?
3. Warst du schon einmal in einem virtuellen Museum oder einer virtuellen Galerie? Wie war das Erlebnis?
4. Welche Art von Kunst bevorzugst du? Malerei, Skulptur, Fotografie oder etwas anderes?
5. Glaubst du, dass es wichtig ist, Museen und Galerien zu besuchen? Warum oder warum nicht?
6. Welches Museum oder welche Galerie würdest du gerne besuchen, wenn du die Gelegenheit hättest?

7. Was denkst du über interaktive Ausstellungen in Museen? Sind sie hilfreich oder lenken sie von der Kunst ab?
8. Hast du schon einmal eine Führung durch ein Museum oder eine Galerie gemacht? War es hilfreich oder hat es dich gelangweilt?
9. Welche berühmten Künstlerinnen und Künstler kennst du aus Deutschland?
10. Welche Art von Ausstellung findest du am interessantesten: zeitgenössische Kunst oder Kunst aus vergangenen Jahrhunderten?
11. Was war die beeindruckendste Skulptur, die du je gesehen hast?
12. Welche Art von Kunstwerken beeindrucken dich am meisten: großformatige Gemälde oder kleine Skulpturen?
13. Was ist dein Lieblingsgemälde und warum?
14. Welche Museen oder Galerien in Deutschland bieten kostenlose Eintrittskarten für Kinder an?
15. Was ist das älteste Museum oder die älteste Galerie, die du besucht hast?

MUSEUMS & GALLERIES · MUSEEN & GALERIEN

16. Was ist das teuerste Kunstwerk, das du je gesehen hast?
17. Glaubst du, dass Kunst und Kultur wichtig sind für das Verständnis der Geschichte?
18. Welches Museum oder welche Galerien in Deutschland kennst du?
19. Was denkst du über digitale Kunst? Kann digitale Kunst in einem Museum oder einer Galerie ausgestellt werden?
20. Welches ist das berühmteste Museum in Deutschland? Warum ist es so bekannt?
21. Was ist die größte Skulptur, die du je gesehen hast?
22. Glaubst du, dass ein Museum oder eine Galerie genügend Informationen zu den Kunstwerken bereitstellen sollte?
23. Welche Ausstellung hat dich zuletzt inspiriert?
24. Welches Museum oder welche Galerie in Deutschland hat die beste Sammlung von moderner Kunst?

25. Was ist die kleinste Skulptur, die du je gesehen hast?
26. Was denkst du über Street Art als Kunstform?
27. Welches Museum oder welche Galerie in Deutschland ist am besten für Kinder geeignet?
28. Was ist das berühmteste Gemälde in Deutschland? Wo kann man es sehen?
29. Welches ist das ungewöhnlichste Kunstwerk, das du je gesehen hast?
30. Was ist das wichtigste Museum oder die wichtigste Galerie in deiner Stadt?
31. Welches Museum oder welche Galerie in Deutschland hat die beste Sammlung von mittelalterlicher Kunst?
32. Was ist das skurrilste Kunstwerk, das du je gesehen hast?
33. Glaubst du, dass Kunst eine universelle Sprache ist, die Menschen aus verschiedenen Kulturen und Sprachen verbinden kann?

MUSEUMS & GALLERIES · MUSEEN & GALERIEN

34. Welche Art von Kunstwerken findest du am ansprechendsten: realistische oder abstrakte?
35. Was ist das kreativste Museum oder die kreativste Galerie, die du je besucht hast?
36. Was denkst du über Museen oder Galerien, die kontroverse Kunstwerke ausstellen?
37. Welches Museum oder welche Galerie in Deutschland hat die beste Sammlung von antiker Kunst?
38. Was ist das beeindruckendste Wandgemälde, das du je gesehen hast?
39. Glaubst du, dass Kunst eine therapeutische Wirkung haben kann?
40. Welche Art von Kunstwerk hat dich zuletzt emotional bewegt?
41. Welches Museum oder welche Galerie in Deutschland hat die beste Sammlung von zeitgenössischer Kunst?
42. Was ist das interessanteste Kunstwerk, das du je gesehen hast?

43. Welche Ausstellung hat dich zuletzt überrascht?
44. Glaubst du, dass Kunst eine Form der politischen Aussage sein kann?
45. Welches Museum oder welche Galerie in Deutschland hat die beste Sammlung von Fotografien?
46. Was denkst du über die Idee, Kunstwerke online zu verkaufen?
47. Welches Kunstwerk würdest du gerne besitzen, wenn du könntest?
48. Was ist das bedeutendste Kunstwerk, das du je gesehen hast?
49. Welches Museum oder welche Galerie in Deutschland hat die beste Sammlung von asiatischer Kunst?
50. Was denkst du über Kunstwerke, die aus ungewöhnlichen Materialien hergestellt sind?
51. Welches Museum oder welche Galerie in Deutschland hat die beste Sammlung von zeitgenössischer Fotografie?

MUSEUMS & GALLERIES · MUSEEN & GALERIEN

52. Was ist das faszinierendste Kunstwerk, das du je gesehen hast?
53. Welches Museum oder welche Galerie in Deutschland hat die beste Sammlung von afrikanischer Kunst?
54. Glaubst du, dass Kunstwerke eine zeitlose Schönheit haben können?
55. Was ist das seltsamste Kunstwerk, das du je gesehen hast?
56. Welches Museum oder welche Galerie in Deutschland hat die beste Sammlung von Skulpturen?
57. Was denkst du über die Idee, Kunstwerke zu sammeln?
58. Welches Kunstwerk hat dich zuletzt zum Lachen gebracht?
59. Welches Museum oder welche Galerie in Deutschland hat die beste Sammlung von Gemälden?
60. Was denkst du über die Idee, Kunstwerke zu restaurieren?

PHOTOGRAPHY · FOTOGRAFIE

1. Hast du eine Kamera? Wenn ja, was für eine?
2. Was ist dein Lieblingsfotografie-Genre? Porträt, Landschaft, Natur, Architektur oder etwas anderes?
3. Gibt es einen bestimmten Fotografen oder eine bestimmte Fotografin, die dich inspiriert? Wer ist das?
4. Welche Art von Kamera bevorzugst du? Spiegelreflexkamera, Kompaktkamera, Smartphone oder etwas anderes?
5. Was denkst du über die Verwendung von Filtern in der Fotografie?
6. Gibt es eine spezielle Technik in der Fotografie, die du gerne lernen möchtest?
7. Welches ist dein Lieblingsfoto, das du selbst gemacht hast? Was macht es besonders?

PHOTOGRAPHY · FOTOGRAFIE

8. Welche berühmten Fotografen und Fotografinnen kennst du aus Deutschland?
9. Was denkst du über die Idee, Fotografie als Kunstform zu betrachten?
10. Welche Art von Fotografie findest du am faszinierendsten: Schwarzweiß- oder Farbfotografie?
11. Was ist das beeindruckendste Naturfoto, das du je gesehen hast?
12. Welches Foto hat dich zuletzt inspiriert?
13. Glaubst du, dass Fotografie eine Möglichkeit ist, Erinnerungen festzuhalten?
14. Welche Art von Kameraausrüstung benutzt du normalerweise?
15. Was ist das ungewöhnlichste Foto, das du je gesehen hast?
16. Gibt es eine bestimmte Zeit des Tages, zu der du am liebsten fotografierst? Warum?
17. Was denkst du über die Idee, Fotografie zur Dokumentation zu benutzen?
18. Welches ist das älteste Foto, das du je gesehen hast?

19. Welches Foto hat dich zuletzt emotional bewegt?
20. Was ist das größte Foto, das du je gesehen hast?
21. Glaubst du: Ist Fotografie eine Möglichkeit, die Welt zu verändern?
22. Welches Foto hat dich zuletzt überrascht?
23. Was denkst du über Fotografie und Journalismus?
24. Welches ist das beste Foto, das du je gemacht hast? Warum?
25. Welches Foto hat dich zuletzt zum Lachen gebracht?
26. Was ist das wichtigste Foto, das du je gesehen hast?
27. Glaubst du, dass Fotografie eine Möglichkeit ist, die Schönheit in alltäglichen Dingen zu entdecken?
28. Welches Foto hat dich zuletzt zum Nachdenken gebracht?
29. Was ist das schönste Landschaftsfoto, das du je gesehen hast?

PHOTOGRAPHY · FOTOGRAFIE

30. Was denkst du über die Idee, Fotografie als Werbung zu nutzen?
31. Gibt es ein spezielles Objektiv, das du gerne ausprobieren möchtest?
32. Welches ist das berühmteste Foto aus Deutschland? Warum ist es so bekannt?
33. Was ist das beeindruckendste Architekturfoto, das du je gesehen hast?
34. Glaubst du, dass Fotografie eine Möglichkeit ist, kulturelle Unterschiede zu überbrücken?
35. Welches Foto hat dich zuletzt begeistert?
36. Was ist das faszinierendste Porträt, das du je gesehen hast?
37. Gibt es eine bestimmte Lichtstimmung, die du am liebsten fotografierst? Warum?
38. Welches Foto hat dich zuletzt bewegt?
39. Was ist das beeindruckendste Tierfoto, das du je gesehen hast?
40. Glaubst du, dass Fotografie eine Möglichkeit ist, soziale Ungerechtigkeiten aufzudecken?
41. Welches Foto hat dich zuletzt verblüfft?

42. Was ist das beste Straßen-Foto, das du je gesehen hast?
43. Was denkst du über die Idee, Fotografie als Form des Selbstausdrucks zu betrachten?
44. Welches Foto hat dich zuletzt schockiert?
45. Was ist das interessanteste Makrofoto, das du je gesehen hast?
46. Gibt es ein bestimmtes Thema, das du gerne fotografierst? Welches ist das?
47. Was ist das beste Architekturfoto, das du je gesehen hast?
48. Welches Foto hat dich zuletzt emotional berührt?
49. Was denkst du über die Idee, Fotografie als eine Form des Journalismus in sozialen Medien zu betrachten?
50. Welches ist das berühmteste Foto der Welt? Warum ist es so bekannt?
51. Was ist das schönste Naturfoto, das du je gesehen hast?
52. Welches Foto hat dich zuletzt inspiriert, selbst zu fotografieren?

PHOTOGRAPHY · FOTOGRAFIE

53. Was denkst du über die Idee, Fotografie als Mittel zur Erstellung von Kunstprojekten zu nutzen?
54. Welches ist das beeindruckendste Sportfoto, das du je gesehen hast?
55. Was ist das beste Landschaftsfoto, das du je gesehen hast?
56. Gibt es eine bestimmte Art von Fotografie, die du gerne beherrschen möchtest? Welche ist das?
57. Was ist das schönste Porträt, das du je gesehen hast?
58. Welches Foto hat dich zuletzt dazu gebracht, mehr über Fotografie zu lernen?
59. Was denkst du über die Idee, Fotografie als Form der Meditation zu nutzen?
60. Welches ist das beste Tierfoto, das du je gesehen hast?
61. Was ist das beeindruckendste Nachtbild, das du je gesehen hast?

ASTRONOMY & SPACE TRAVEL · ASTRONOMIE & RAUMFAHRT

1. Was ist dein Lieblingsplanet im Sonnensystem? Warum?
2. Gibt es einen bestimmten Astronauten oder eine bestimmte Astronautin, die dich inspiriert? Wer ist das?
3. Was denkst du über den Gedanken, dass es intelligentes Leben im Weltraum gibt?
4. Gibt es eine spezielle Mission im Bereich der Raumfahrt, die dich besonders interessiert? Welche ist das?
5. Was ist das faszinierendste astronomische Ereignis, das du je beobachtet hast?
6. Welches ist das größte Teleskop, das du je benutzt hast?
7. Was denkst du über die Idee, eine bemannte Mission zum Mars durchzuführen?

ASTRONOMY & SPACE TRAVEL · ASTRONOMIE & RAUMFAHRT

8. Welches ist dein Lieblingssternbild? Warum?
9. Gibt es eine bestimmte Raumsonde oder ein bestimmtes Raumschiff, das du faszinierend findest? Welches ist das?
10. Was ist das beeindruckendste astronomische Phänomen, das du je gesehen hast?
11. Welches astronomische Ereignis möchtest du gerne einmal live erleben? Warum?
12. Was denkst du über die Idee, dass das Universum unendlich groß ist?
13. Welches ist das beeindruckendste Foto von einem Planeten, das du je gesehen hast?
14. Gibt es ein spezielles Thema in der Astronomie, das du gerne lernen würdest? Welches ist das?
15. Was ist der interessanteste Fakt über den Mond, den du kennst?
16. Was denkst du über die Idee, dass es außerirdisches Leben in unserem Sonnensystem gibt?

17. Welches ist das beeindruckendste Foto, das je vom Hubble-Teleskop aufgenommen wurde?
18. Was ist das größte Teleskop, das je gebaut wurde?
19. Was denkst du über die Idee, dass der Weltraum unsichtbare Kräfte enthält, die das Universum beeinflussen?
20. Welches ist das beeindruckendste Foto, das je vom Mars aufgenommen wurde?
21. Gibt es ein spezielles Phänomen im Weltraum, das dich fasziniert? Welches ist das?
22. Was ist der interessanteste Fakt über die Sonne, den du kennst?
23. Was denkst du über die Idee, dass es in unserem Universum mehrere Dimensionen gibt?
24. Welches ist das beeindruckendste Foto, das je vom Saturn aufgenommen wurde?

ASTRONOMY & SPACE TRAVEL · ASTRONOMIE & RAUMFAHRT

25. Gibt es ein spezielles Ereignis im Weltraum, das du gerne einmal beobachten möchtest? Welches ist das?
26. Was ist der faszinierendste Fakt über schwarze Löcher, den du kennst?
27. Was denkst du über die Idee, dass unser Universum möglicherweise nur ein Teil eines größeren Multiversums ist?
28. Welches ist das beeindruckendste Foto, das je von einem Kometen aufgenommen wurde?
29. Gibt es ein spezielles Thema in der Raumfahrt, das du gerne lernen möchtest? Welches ist das?
30. Was denkst du über die Idee, dass Zeitreisen möglich sein könnten?
31. Welches ist das beeindruckendste Foto, das je von Jupiter aufgenommen wurde?
32. Gibt es ein spezielles Ereignis im Weltraum, das dich beunruhigt? Welches ist das?
33. Was ist der faszinierendste Fakt über Planeten, den du kennst?

34. Was denkst du über die Idee, dass es andere Universen geben könnte, die mit unserem in Verbindung stehen?
35. Welches ist das beeindruckendste Foto, von anderen Galaxien aufgenommen wurde?
36. Gibt es eine bestimmte Theorie in der Astronomie, die du faszinierend findest? Welche ist das?
37. Was ist das wichtigste Ziel der modernen Raumfahrt, deiner Meinung nach?
38. Was denkst du über die Idee, dass es im Weltraum dunkle Materie gibt, die wir nicht sehen können?
39. Welches ist das beeindruckendste Foto, das je von der ISS aufgenommen wurde?
40. Gibt es ein spezielles Phänomen im Weltraum, das du gerne erforschen möchtest? Welches ist das?
41. Was ist der interessanteste Fakt über Asteroiden, den du kennst?
42. Was denkst du über die Idee, dass der Weltraum unendlich viele Galaxien enthält?

ASTRONOMY & SPACE TRAVEL · ASTRONOMIE & RAUMFAHRT

43. Welches ist das beeindruckendste Foto, das je von der Milchstraße aufgenommen wurde?
44. Gibt es ein spezielles Projekt in der Raumfahrt, das du faszinierend findest? Welches ist das?
45. Was ist, deiner Meinung nach, das wichtigste Ereignis in der Geschichte der Raumfahrt?
46. Was denkst du über die Idee, dass das Universum möglicherweise aus einem Urknall entstanden ist?
47. Gibt es eine bestimmte Entdeckung im Weltraum, die du faszinierend findest? Welche ist das?
48. Was ist der faszinierendste Fakt über das Universum, den du kennst?
49. Was denkst du über die Idee, dass es auf anderen Planeten Leben geben könnte?
50. Welches ist das beeindruckendste Foto, das je von der Erde aus dem Weltraum aufgenommen wurde?

51. Gibt es eine bestimmte Mission in der Raumfahrt, die du gerne unterstützen möchtest? Welche ist das?
52. Was ist der interessanteste Fakt über die Geschichte der Raumfahrt, den du kennst?
53. Was denkst du über die Idee, dass unser Universum möglicherweise nur eine Simulation ist?
54. Welches ist das beeindruckendste Foto, das je vom Orionnebel aufgenommen wurde?
55. Gibt es ein spezielles Thema in der Astrophysik, das dich fasziniert? Welches ist das?
56. Was ist das wichtigste Ziel der bemannten Raumfahrt, deiner Meinung nach?

CLIMATE CHANGE · KLIMAWANDEL

1. Wie versuchst du persönlich deinen ökologischen Fußabdruck zu reduzieren?
2. Welche Schritte hast du in deinem Leben unternommen, um den Klimawandel zu bekämpfen?
3. Wie informierst du dich über den Klimawandel und was tust du, um das Bewusstsein für dieses Thema zu verbreiten?
4. Welche Erfolge hast du bei deinen Bemühungen zur Bekämpfung des Klimawandels bereits erzielt?
5. Welche Schwierigkeiten hast du bei deinen Bemühungen zur Bekämpfung des Klimawandels erlebt und wie hast du diese überwunden?

6. Welche neuen Methoden und Technologien zur Bekämpfung des Klimawandels hast du kürzlich entdeckt und ausprobiert?
7. Was motiviert dich, weiterhin für den Klimaschutz zu kämpfen, und wie bleibst du engagiert?
8. Welche Herausforderungen hast du bei der Umsetzung klimafreundlicher Maßnahmen in deiner Gemeinde oder deinem Arbeitsplatz erlebt?
9. Wie arbeitest du mit anderen zusammen, um den Klimawandel zu bekämpfen, und welche Erfolge habt ihr bereits erzielt?
10. Was sind deine nächsten Schritte bei deinen Bemühungen, den Klimawandel zu bekämpfen, und welche Ziele hast du für die Zukunft?
11. Was denkst du, wie ernst ist die Gefahr des Klimawandels?
12. Wie hat der Klimawandel dein Leben bisher beeinflusst?

13. Welche Auswirkungen hat der Klimawandel auf die Umwelt?
14. Was können wir tun, um den Klimawandel zu stoppen?
15. Wie können wir den CO2-Ausstoß reduzieren?
16. Wie können wir den Einsatz erneuerbarer Energien steigern?
17. Wie können wir den Energieverbrauch insgesamt senken?
18. Was sind die wichtigsten Ursachen des Klimawandels?
19. Was sind die wichtigsten Treiber des Klimawandels?
20. Wie kann die Politik dazu beitragen, den Klimawandel zu stoppen?
21. Was sind die Herausforderungen bei der Umsetzung von Maßnahmen gegen den Klimawandel?
22. Wie können wir den Klimawandel bekämpfen, ohne unsere Wirtschaft zu schädigen?

23. Welche Rolle spielen Unternehmen bei der Bekämpfung des Klimawandels?
24. Wie können wir den Klimawandel durch verantwortungsvolles Konsumverhalten bekämpfen?
25. Wie können wir die globale Zusammenarbeit zur Bekämpfung des Klimawandels stärken?
26. Was können wir tun, um den Klimawandel in ärmeren Ländern zu bekämpfen?
27. Wie können wir die Auswirkungen des Klimawandels auf die Landwirtschaft verringern?
28. Wie können wir den Anstieg des Meeresspiegels aufhalten?
29. Wie können wir den Klimawandel durch nachhaltige Stadtentwicklung bekämpfen?
30. Wie können wir die Auswirkungen des Klimawandels auf die Tierwelt verringern?
31. Wie können wir den Klimawandel durch verbesserte öffentliche Verkehrsmittel bekämpfen?

32. Wie können wir den Klimawandel durch klimafreundliches Bauen und Wohnen bekämpfen?
33. Wie können wir die Auswirkungen des Klimawandels auf die Ozeane verringern?
34. Wie können wir den Klimawandel durch Aufforstung angehen?
35. Wie können wir den Klimawandel durch weniger Fleischkonsum bekämpfen?
36. Wie können wir den Klimawandel durch Technologie bekämpfen?
37. Was sind die wichtigsten technologischen Lösungen für den Klimawandel?
38. Wie können wir die Energiespeicherung verbessern?
39. Was hat dich dazu motiviert, aktiv gegen den Klimawandel zu engagieren?
40. Welche Schritte hast du unternommen, um deine eigene Lebensweise umweltfreundlicher zu gestalten?
41. Wie können wir die Auswirkungen des Klimawandels auf die Arktis verringern?

42. Wie versuchst du, andere zu motivieren, sich gegen den Klimawandel zu engagieren?
43. Welche konkreten Handlungsempfehlungen würdest du Menschen geben, die sich im Kampf gegen den Klimawandel engagieren wollen?
44. Wie gehst du damit um, wenn du auf Skepsis oder Widerstand gegenüber deinen Bemühungen zum Klimaschutz triffst?
45. Welche Rolle spielen klimafreundliche Technologien in deinem persönlichen Kampf gegen den Klimawandel?
46. Wie können wir den Klimawandel durch bessere Abfallwirtschaft bekämpfen?
47. Wie beeinflusst dein persönliches Umfeld deine Bemühungen, den Klimawandel zu bekämpfen?
48. Wie wichtig ist es deiner Meinung nach, dass Regierungen Maßnahmen zur Bekämpfung des Klimawandels ergreifen, und wie versuchst du, auf diese Politik Einfluss zu nehmen?

CLIMATE CHANGE · KLIMAWANDEL

49. Wie können wir den Klimawandel durch verbesserte Landnutzung bekämpfen?
50. Welche klimafreundlichen Maßnahmen würdest du gerne in deiner Gemeinde oder Stadt sehen?
51. Wie wichtig ist es deiner Meinung nach, die Zusammenarbeit mit anderen Ländern und internationalen Organisationen zur Bekämpfung des Klimawandels zu fördern, und wie könnten diese Zusammenarbeiten aussehen?
52. Wie können wir den Klimawandel durch neue Erfindungen und Innovationen bekämpfen?
53. Wie können wir den Klimawandel durch Zusammenarbeit zwischen Wissenschaft und Industrie bekämpfen?
54. In welchem Ausmaß denkst du, dass der Klimawandel unsere Gesellschaft und Umwelt beeinflusst?
55. Wie hat der Klimawandel bereits deine eigene Lebensweise beeinflusst?

56. Welche Aspekte der Umwelt sind durch den Klimawandel besonders bedroht?
57. Welche kreativen Lösungen hast du gesehen, um den Klimawandel zu bekämpfen?
58. Welche Technologien werden am meisten benötigt, um den Klimawandel zu anzugehen?
59. Was sind die konkretesten Schritte, die wir unternehmen können, um den CO2-Ausstoß zu reduzieren?
60. Was sind die Herausforderungen bei der Bekämpfung des Klimawandels und wie können wir diese überwinden?
61. Wie können wir den Klimawandel durch Bildung und Bewusstseinsbildung bekämpfen?
62. Wie können wir unsere Regierungen dazu bringen, mehr gegen den Klimawandel zu tun?

FESTIVALS & CARNIVALS · FESTE & KARNEVAL

1. Was sind die bekanntesten Festivals oder Karnevalsfeiern in deinem Heimatland?
2. Gibt es eine bestimmte Tradition oder Bräuche, die mit einem Festival oder Karneval in deinem Heimatland verbunden sind?
3. Welches Festival oder welche Karnevalsfeier in deinem Heimatland empfiehlst du besonders und warum?
4. Welche Arten von Speisen oder Getränken werden während des Festivals oder Karnevals in deinem Heimatland serviert?
5. Wie lange dauern die Festivals oder Karnevalsfeiern in deinem Heimatland und wie werden sie gefeiert?
6. Welche Kleidung oder Kostüme sind bei den Festivals oder Karnevalsfeiern in deinem Heimatland üblich?

7. Wie haben sich die Festivals oder Karnevalsfeiern in deinem Heimatland im Laufe der Jahre verändert?
8. Welches Festival oder welche Karnevalsfeier in deinem Heimatland ist dein persönlicher Favorit und warum?
9. Was sind die wichtigsten Unterschiede zwischen den Festivals oder Karnevalsfeiern in verschiedenen Regionen deines Heimatlandes?
10. Was sind die Hauptziele oder Zwecke der Festivals oder Karnevalsfeiern in deinem Heimatland?
11. Welches Festival besuchst du am liebsten und warum?
12. Was ist dein Lieblingskostüm für den Karneval?
13. Was ist dein Lieblingsgericht auf einem Festival?
14. Welches Festival in Deutschland würdest du gerne besuchen?

FESTIVALS & CARNIVALS · FESTE & KARNEVAL

15. Was ist das größte Festival, das du je besucht hast?
16. Was ist der interessanteste Aspekt an einem Karnevalsumzug?
17. Welche Musik hörst du gerne auf Festivals?
18. Was ist das verrückteste Festival, das du je besucht hast?
19. Was sind die besten Dinge an einem Festival?
20. Was ist das schlechteste Festivalerlebnis, das du je hattest?
21. Was ist dein Lieblings-Getränk auf einem Festival?
22. Welches Festival in Deutschland hat die beste Atmosphäre?
23. Welches Festival in Deutschland hat die beste Musik?
24. Was sind deine Pläne für das nächste Festival, das du besuchst?
25. Was ist das teuerste Festival, das du je besucht hast?

26. Welches Festival in Deutschland ist das bekannteste?
27. Was ist das lustigste Festival, das du je besucht hast?
28. Was ist dein Lieblingsfestivalort in Deutschland?
29. Welches Festival in Deutschland hat die beste Stimmung?
30. Was ist das beste Festival-Outfit, das du je gesehen hast?
31. Welches Festival in Deutschland bietet die besten Aktivitäten?
32. Was ist der beste Aspekt an einem Straßenfest?
33. Was ist dein Lieblings-Karnevalslied?
34. Welches Festival in Deutschland hat das beste Essen?
35. Was ist dein Lieblings-Festivalmoment?
36. Welches Festival in Deutschland hat die besten Kunstausstellungen?
37. Was ist das größte Karnevalsfest in Deutschland?

FESTIVALS & CARNIVALS · FESTE & KARNEVAL

38. Welches Festival in Deutschland hat die besten Fahrgeschäfte?
39. Was ist das meistbesuchte Festival in Deutschland?
40. Was ist der beste Aspekt an einem Umzug?
41. Was ist dein Lieblings-Karnevalskostüm?
42. Welches Festival in Deutschland hat die besten Souvenirs?
43. Was ist das beste Festival für Kinder in Deutschland?
44. Was ist das beste Festival für Erwachsene in Deutschland?
45. Was ist das beste Festival für Familien in Deutschland?
46. Was ist dein Lieblings-Karnevalsbrauch?
47. Was ist das aufregendste Festival, das du je besucht hast?
48. Welches Festival in Deutschland hat die schönste Dekoration?
49. Was ist das Festival mit dem besten Musik-Lineup?

50. Welches Festival in Deutschland findest du am interessantesten und warum?
51. Welches Festival in Deutschland bietet deiner Meinung nach das beste Preis-Leistungs-Verhältnis?
52. Welches Festival in Deutschland hat die beste Atmosphäre und warum?
53. Was denkst du, ist der beste Aspekt an einem Karnevalsumzug?
54. Was denkst du, ist das wichtigste Element eines erfolgreichen Festivals?
55. Was denkst du, macht ein Festival zu einem unvergesslichen Erlebnis?
56. Welches Festival in Deutschland bietet deiner Meinung nach die besten Aktivitäten und Attraktionen?
57. Was ist deiner Meinung nach das beste Festival in Deutschland für Kinder?
58. Was denkst du, macht ein Festival zu einem großartigen Ort, um neue Leute kennenzulernen?

FESTIVALS & CARNIVALS · FESTE & KARNEVAL

59. Welches Festival in Deutschland bietet deiner Meinung nach das beste Essen?
60. Was ist deiner Meinung nach das beste Festival in Deutschland für Kunst- und Kulturbegeisterte?
61. Was denkst du, wie kannst du das Beste aus einem Festival herauszuholen?

SCIENCE FICTION & FANTASY •
SCIENCE-FICTION & FANTASY

1. Hast du jemals ein Buch oder einen Film im Science-Fiction-Genre gelesen oder gesehen?
2. Welches ist dein Lieblings-Science-Fiction-Buch und warum?
3. Wenn du dich zwischen Science-Fiction und Fantasy entscheiden müsstest, welche würdest du wählen?
4. Welches Fantasy-Buch oder Film hat dich am meisten beeindruckt?
5. Gibt es eine Science-Fiction- oder Fantasy-Welt, in der du gerne leben würdest?
6. Glaubst du, dass es außerirdisches Leben gibt? Warum oder warum nicht?
7. Welche Superkraft würdest du gerne haben und warum?

8. Was ist dein Lieblings-Science-Fiction-Film?
9. Wer ist dein Lieblings-Science-Fiction-Charakter?
10. Was denkst du, wie sieht die Zukunft in 50 Jahren aus?
11. Wenn du eine Zeitmaschine hättest, in welche Zeitperiode würdest du gerne reisen?
12. Wenn du einen Roboter oder eine künstliche Intelligenz erschaffen könntest, wie würde er/sie aussehen und welche Fähigkeiten hätte er/sie?
13. Was denkst du, wie wird die Technologie in der Zukunft aussehen?
14. Welches Fantasy-Wesen findest du am interessantesten?
15. Wenn du ein magisches Artefakt haben könntest, welches wäre es?
16. Wenn du einen Science-Fiction-Film drehen könntest, worum würde es gehen?
17. Welche drei Science-Fiction-Filme würdest du jemandem empfehlen, der noch nie einen gesehen hat?

18. Was ist deine Meinung über Zeitreisen?
19. Was würdest du tun, wenn du für einen Tag in einer anderen Dimension leben könntest?
20. Wenn du ein Alien wärst, wie würdest du aussehen und was wären deine Fähigkeiten?
21. Welches Science-Fiction- oder Fantasy-Buch empfiehlst du jemandem, der noch nie eines gelesen hat?
22. Glaubst du, dass es Leben auf anderen Planeten gibt?
23. Was ist dein Lieblings-Science-Fiction-Charakter?
24. Wenn du eine Galaxie regieren könntest, welche wäre es und wie würdest du sie regieren?
25. Welches Science-Fiction-Buch/Film hat dich am meisten inspiriert?
26. Wenn du eine Superkraft wählen könntest, welche wäre es?
27. Welcher Science-Fiction-Film hat deiner Meinung nach die besten Spezialeffekte?
28. Wenn du in einem Science-Fiction-Universum leben könntest, welches wäre es?

SCIENCE FICTION & FANTASY · SCIENCE-FICTION & FANTASY

29. Was ist deine Meinung zum Thema künstliche Intelligenz?
30. Was ist dein Lieblings-Fantasy-Film?
31. Welches Fantasy-Wesen würdest du gerne als Haustier haben?
32. Wenn du einen Tag lang ein Superheld sein könntest, welche Fähigkeiten würdest du haben?
33. Was ist deine Meinung zum Thema außerirdische Invasion?
34. Wenn du ein Buch schreiben könntest, welches Genre würdest du wählen und worum würde es gehen?
35. Welches ist dein Lieblings-Science-Fiction-Spiel?
36. Wenn du in einer Science-Fiction-Geschichte mitspielen könntest, welchen Charakter würdest du spielen?
37. Was ist der beste Science-Fiction-Film, den du in den letzten Jahren gesehen hast?
38. Wenn du die Chance hättest, in eine andere Realität zu reisen, würdest du es tun?

39. Welches Science-Fiction-Buch oder Film hat deiner Meinung nach die beste Liebesgeschichte?
40. Wenn du eine eigene Fantasy-Welt erschaffen könntest, wie würde sie aussehen und welche Kreaturen würden darin leben?
41. Was ist dein Lieblings-Zitat aus einem Science-Fiction-Film oder -Buch?
42. Wenn du eine bekannte Science-Fiction- oder Fantasy-Geschichte neu schreiben könntest, welche wäre es und was würdest du anders machen?
43. Was denkst du, welche Technologie aus Science-Fiction-Filmen und -Büchern bald Realität werden könnte?
44. Wenn du eine spezielle Fähigkeit aus dem Science-Fiction- oder Fantasy-Genre wählen könntest, welche wäre es?
45. Was ist dein Lieblings-Science-Fiction-Soundtrack?
46. Wenn du in einem Science-Fiction-Universum leben müsstest, welche Art von Leben würdest du bevorzugen?

SCIENCE FICTION & FANTASY · SCIENCE-FICTION & FANTASY

47. Was ist dein Lieblings-Science-Fiction-Schauspieler?
48. Wenn du eine Superkraft wählen könntest, aber dafür auf einen deiner Sinne verzichten müsstest, welche/er wäre es?
49. Was denkst du, was macht Science-Fiction und Fantasy so faszinierend für die Leser und Zuschauer?
50. Welches Science-Fiction- oder Fantasy-Buch oder -Film hat deiner Meinung nach die beste Botschaft oder Moral?
51. Was ist deine Meinung zu dystopischen Science-Fiction-Geschichten, die eine negative Zukunft vorhersagen?
52. Was denkst du, welche Eigenschaften sollte ein guter Science-Fiction- oder Fantasy-Charakter haben?
53. Welches Science-Fiction- oder Fantasy-Genre spricht dich am meisten an und warum?

54. Was ist deine Meinung zum Thema Zeitreisen als Handlung in Science-Fiction- und Fantasy-Geschichten?
55. Was denkst du, welche wissenschaftlichen oder technologischen Entwicklungen in der Realität könnten das Potenzial haben, die Welt der Science-Fiction zu verändern?
56. Was ist deine Meinung zu der Idee, dass außerirdisches Leben uns besucht oder uns bereits kontaktiert hat?
57. Was denkst du, welche zukünftigen technologischen Entwicklungen könnten unsere Welt so verändern, dass sie einem Science-Fiction-Universum ähnelt?

SELF-IMPROVEMENT · SELBSTVERBESSERUNG

1. Was bedeutet persönliches Wachstum für dich?
2. Was sind deine bevorzugten Techniken oder Strategien, um dein Wachstum zu fördern?
3. Was motiviert dich dazu, an dir selbst zu arbeiten und dich zu verbessern?
4. Welches Buch oder welchen Autor zum Thema persönliches Wachstum würdest du empfehlen?
5. Welches Ziel hast du als Nächstes für deine persönliche Entwicklung?
6. Wie gehst du mit Herausforderungen oder Rückschlägen bei deiner persönlichen Entwicklung um?
7. Was hält dich davon ab, dein volles Potenzial zu erreichen?

8. Wie setzt du neue Ziele, wenn du deine bisherigen erreicht hast?
9. Welches Hindernis hast du in der Vergangenheit überwunden, um dich persönlich weiterzuentwickeln?
10. Wie integrierst du dein persönliches Wachstum in deine tägliche Routine?
11. Welche Rolle spielt Selbstreflexion in deinem persönlichen Wachstum?
12. Wie motivierst du dich selbst, um kontinuierlich an deinem Wachstum zu arbeiten?
13. Was sind deine Erfolgsprinzipien, die dich bei deiner persönlichen Entwicklung unterstützen?
14. Was ist dein Lieblingszitat, das dich inspiriert, an dir selbst zu arbeiten?
15. Welche Verhaltensänderung hat den größten Einfluss auf deine persönliche Entwicklung gehabt?
16. Was ist die wichtigste Lektion, die du aus einem Fehler oder Misserfolg gelernt hast?

SELF-IMPROVEMENT · SELBSTVERBESSERUNG

17. Welches Persönlichkeitsentwicklungs-Tool hast du zuletzt entdeckt und warum magst du es?
18. Was sind deine persönlichen Werte, und wie beeinflussen sie dein persönliches Wachstum?
19. Was motiviert dich, deine Komfortzone zu verlassen?
20. Was ist deine Meinung zum Thema "positives Denken"?
21. Was sind deine persönlichen Erfolgsfaktoren?
22. Wie planst du langfristige Ziele, die dich in deinem persönlichen Wachstum unterstützen?
23. Welches Persönlichkeitsentwicklungs-Buch oder -Programm hast du in der Vergangenheit genutzt und wie hat es dir geholfen?
24. Welches Ziel hast du erreicht, das dich stolz auf dich selbst gemacht hat?

25. Wie integrierst du körperliche Aktivität in dein persönliches Wachstum?
26. Was sind deine Lieblingszitate oder -bücher, die dich in schwierigen Zeiten motivieren?
27. Was sind deine besten Strategien, um dich selbst zu motivieren, wenn du unmotiviert bist?
28. Was sind deine Top-3-Tipps, um produktiv zu bleiben und deine Ziele zu erreichen?
29. Wie gehst du damit um, wenn dich jemand anderes kritisiert oder nicht an deine Ziele glaubt?
30. Was sind die Vorteile von persönlichem Wachstum und wie kann es das Leben verbessern?
31. Was sind deine persönlichen Ziele für das nächste Jahr?
32. Welche sind die häufigsten Hindernisse, die dich davon abhalten, deine Ziele zu erreichen?
33. Was sind deine Erfahrungen mit Meditation und wie hat es dir geholfen, dich selbst zu verbessern?

SELF-IMPROVEMENT · SELBSTVERBESSERUNG

34. Wie gehst du mit Ablenkungen und Gedanken um, während du meditierst?
35. Was sind deine Lieblingsübungen oder -techniken für Achtsamkeit, um im Moment zu bleiben?
36. Was ist dein Lieblings-Meditationsort und warum?
37. Wie hilft dir Yoga dabei, dein körperliches und geistiges Wohlbefinden zu verbessern?
38. Was sind deine Lieblings-Yoga-Positionen und warum?
39. Wie können Achtsamkeit, Meditation und Yoga helfen, Stress abzubauen und innere Ruhe zu finden?
40. Wie hilft dir Achtsamkeit dabei, deine Gedanken und Emotionen besser zu kontrollieren?
41. Wie können dir Achtsamkeitspraktiken helfen, dich auf deine Ziele zu konzentrieren?
42. Was sind die Vorteile von Yoga, um Körper und Geist zu verbinden?

43. Wie hilft dir dabei, im Moment zu bleiben und deine Gedanken zu beruhigen?
44. Was sind deine Erfahrungen mit Atemübungen und wie haben sie dir geholfen, dein Leben zu verbessern?
45. Wie können Achtsamkeit, Meditation und Yoga dir helfen, deine Beziehungen zu anderen Menschen zu verbessern?
46. Was sind deine Prioritäten bei der persönlichen Entwicklung?
47. Wie kann man seine Zeit effektiv nutzen, um seine persönlichen Ziele zu erreichen?
48. Was sind die häufigsten Fehler, die Menschen bei ihrem persönlichen Wachstum machen?
49. Was ist dein bester Tipp, um produktiver zu sein und weniger Zeit zu verschwenden?
50. Wie gehst du damit um, wenn du deine Ziele nicht erreicht hast?
51. Was sind deine Lieblingsmethoden, um Stress abzubauen und dich zu entspannen?
52. Wie können negative Erfahrungen oder Traumata das persönliche Wachstum beeinflussen?

SELF-IMPROVEMENT · SELBSTVERBESSERUNG

53. Wie kann man seine Gedanken und Emotionen kontrollieren, um positiv zu bleiben?
54. Was sind die Vorteile von Selbstliebe und Selbstakzeptanz bei der persönlichen Entwicklung?
55. Wie beeinflusst deine Umgebung dein persönliches Wachstum?
56. Wie wichtig ist die Unterstützung von anderen Menschen bei der persönlichen Entwicklung?
57. Welche Fähigkeit oder Eigenschaft möchtest du als Nächstes entwickeln?

WEDDINGS · HOCHZEITEN

1. Wie sind Hochzeiten in deinem Heimatland anders als in Deutschland?
2. Gibt es in deinem Land bestimmte Traditionen oder Bräuche, die bei Hochzeiten befolgt werden?
3. Wie ist die Rolle der Familie und Freunde bei Hochzeiten in deinem Heimatland im Vergleich zu Deutschland?
4. Wie werden die Hochzeiten in deinem Heimatland normalerweise gefeiert?
5. Sind in deinem Heimatland religiöse Zeremonien üblich, wenn es um Hochzeiten geht?
6. Was sind die typischen Hochzeitskleider in deinem Heimatland?

WEDDINGS · HOCHZEITEN

7. Welche Art von Unterhaltung wird bei Hochzeiten in deinem Heimatland normalerweise angeboten?
8. Was sind die üblichen Geschenke für das Brautpaar bei Hochzeiten in deinem Heimatland?
9. Wie sieht die traditionelle Hochzeitsdekoration in deinem Heimatland aus?
10. Wie lange dauern Hochzeiten in deinem Heimatland normalerweise?
11. Was ist der beste Hochzeitsort in deinem Heimatland?
12. Wie unterscheidet sich das Essen bei Hochzeiten in deinem Heimatland von denen in Deutschland?
13. Wie werden Hochzeiten in deinem Heimatland normalerweise finanziert?
14. Sind in deinem Heimatland Hochzeitsplaner üblich?
15. Was sind die typischen Hochzeitsbräuche, die du in deinem Heimatland vermisst, wenn du eine deutsche Hochzeit besuchst?

16. Was sind die wichtigsten Unterschiede zwischen Hochzeiten in deinem Heimatland und Deutschland, die du bemerkt hast?
17. Magst du Hochzeiten? Warum oder warum nicht?
18. Was ist das Schönste an Hochzeiten?
19. Was sind deine Lieblingslieder an Hochzeiten?
20. Hast du schon einmal bei einer Hochzeit getanzt? Wie war es?
21. Gibt es in deinem Land spezielle Traditionen bei Hochzeiten?
22. Wie sind deutsche Hochzeiten anders als Hochzeiten in deinem Land?
23. Was denkst du über Hochzeitskleider? Welches ist dein Traumkleid?
24. Was ist das beste Hochzeitsgeschenk, das du jemals erhalten hast oder geben würdest?
25. Wie findest du Hochzeitsplanung? Würdest du selbst eine Hochzeit planen?
26. Welches Essen sollte bei einer Hochzeit serviert werden?

27. Welches Getränk ist dein Favorit bei Hochzeiten?
28. Was sind deine Gedanken zum Brautstraußwurf?
29. Welche Art von Musik sollte bei Hochzeiten gespielt werden?
30. Welchen Hochzeitstanz magst du am liebsten?
31. Was sind deine Gedanken zum Hochzeitstag?
32. Was sind deine Lieblingshochzeitsfilme?
33. Was ist dein Traumhochzeitsort?
34. Würdest du lieber im Sommer oder im Winter heiraten?
35. Würdest du jemals eine Destination-Hochzeit planen?
36. Was sind deine Gedanken zu Hochzeitseinladungen?
37. Welche Art von Unterhaltung sollte bei Hochzeiten angeboten werden?
38. Wie sollte das Hochzeitsfotoalbum gestaltet werden?

39. Was denkst du über das Schreiben von Eheversprechen?
40. Wie sollte die Hochzeitstorte aussehen?
41. Welches Thema würdest du für eine Hochzeit wählen?
42. Was sind deine Gedanken zum Junggesellenabschied?
43. Was sind deine Gedanken zu Hochzeitsfotografie und -videografie?
44. Was sind deine Gedanken zum Hochzeitstanz des Vaters und der Tochter?
45. Was sind deine Gedanken zur Hochzeitszeremonie?
46. Wie sollte die Hochzeitsdekoration aussehen?
47. Welches Lied sollte bei einer Hochzeitszeremonie gespielt werden?
48. Welches ist das beste Hochzeitsgeschenk, das du jemals gesehen hast?
49. Was denkst du über das Tragen von weißen Kleidern bei Hochzeiten?
50. Was sind deine Gedanken zum Hochzeitsfrühstück am Morgen danach?

WEDDINGS · HOCHZEITEN

51. Was denkst du über Hochzeitsgesellschaften?
52. Wie sollten Hochzeitseinladungen gestaltet sein?
53. Was sind deine Gedanken zum Hochzeitsauto?
54. Was ist das Schönste an der Hochzeitsfotografie?
55. Was sind deine Gedanken zu Hochzeiten im Winter?
56. Was sind deine Gedanken zum gemeinsamen Tanz der Brautjungfern?
57. Welches ist das beste Hochzeitsfoto, das du jemals gesehen hast?
58. Wie sollte der Hochzeitsanzug des Bräutigams aussehen?
59. Was sind deine Gedanken zur Hochzeitstischdekoration?
60. Welches ist deine Lieblingstradition bei Hochzeiten?

LANDMARKS & PLACES ·
SEHENSWÜRDIGKEITEN & ORTE

1. Welches berühmte Wahrzeichen möchtest du gerne einmal besuchen?
2. Was sind die berühmtesten Sehenswürdigkeiten in deinem Heimatland?
3. Was ist das beeindruckendste Denkmal, das du jemals gesehen hast?
4. Was sind deine Gedanken zur Geschichte des Eiffelturms in Paris?
5. Wie unterscheidet sich der Big Ben in London von anderen Turmuhren?
6. Was ist das beste Foto, das du von einem Wahrzeichen gemacht hast?
7. Welche Orte sollte man unbedingt besuchen, wenn man nach Rom reist?
8. Was sind deine Gedanken zur Geschichte hinter der Freiheitsstatue in New York?

LANDMARKS & PLACES · SEHENSWÜRDIGKEITEN & ORTE

9. Welches Land hat die schönsten historischen Stätten?
10. Welches Wahrzeichen hat die beste Aussicht?
11. Welches Wahrzeichen hat die schönste Architektur?
12. Was ist das älteste Wahrzeichen, das du jemals besucht hast?
13. Welche Orte sollten bei einem Besuch in Barcelona unbedingt besichtigt werden?
14. Was ist das beeindruckendste Naturwunder, das du jemals gesehen hast?
15. Wie unterscheidet sich das Brandenburger Tor in Berlin von anderen Toren?
16. Was sind deine Gedanken zur Geschichte hinter dem Taj Mahal in Indien?
17. Welche historischen Stätten sind in deinem Heimatland am wichtigsten?
18. Welches Wahrzeichen hat die interessanteste Geschichte?
19. Was sind deine Gedanken zum Kolosseum in Rom?

20. Welches Wahrzeichen hat die meisten Besucher pro Jahr?
21. Welches Wahrzeichen hat die meisten Geschichten?
22. Welches Wahrzeichen hat das beste Museum?
23. Welche Orte sollte man bei einem Besuch in Berlin unbedingt besichtigen?
24. Was sind deine Gedanken zur Geschichte der Chinesischen Mauer?
25. Welches ist das berühmteste Wahrzeichen in Deutschland und warum ist es so bekannt?
26. Hast du schon einmal von Neuschwanstein gehört? Was sind deine Gedanken zu diesem berühmten Schloss in Deutschland?
27. Was weißt du über das Kolosseum in Rom und wie denkst du darüber?
28. Welche Gedanken hast du zum Big Ben in London und was möchtest du darüber erfahren, wenn du das nächste Mal in London bist?

LANDMARKS & PLACES · SEHENSWÜRDIGKEITEN & ORTE

29. Was weißt du über die Akropolis in Athen und wie denkst du darüber?
30. Was weißt du über die Chinesische Mauer und was würdest du tun, wenn du die Möglichkeit hättest, sie zu besuchen?
31. Welche Gedanken hast du zum Taj Mahal in Indien und würdest du ihn gerne einmal besuchen?
32. Was weißt du über die Pyramiden in Ägypten und welche Erfahrungen würdest du gerne machen, wenn du sie besuchen könntest?
33. Was weißt du über den Eiffelturm in Paris?
34. Was weißt du über die Freiheitsstatue in New York und wie denkst du darüber?
35. Was weißt du über den Grand Canyon in Arizona, USA und was würdest du tun, wenn du ihn besuchen könntest?
36. Wenn du an Deutschland denkst, welches Wahrzeichen möchtest du gerne besuchen und warum?

37. Was weißt du über Sehenswürdigkeiten in Rom und welche Erfahrungen möchtest du dort machen, wenn du hinreisen würdest?
38. Welche Merkmale der Gebäude in London findest du faszinierend, und was möchtest du über sie erfahren?
39. Was interessiert dich an den Tempeln in Japan, und welche Gedanken hast du dazu?
40. Was weißt du über die antiken Ruinen in Athen, und was würdest du gerne über sie erfahren?
41. Welches Wahrzeichen in Frankreich hast du auf deiner Bucket List und was erwartest du davon?
42. Was macht den Burj Khalifa in Dubai so beeindruckend, und was möchtest du darüber erfahren?
43. Welches Wahrzeichen in Australien möchtest du gerne besuchen, und was reizt dich daran?

LANDMARKS & PLACES · SEHENSWÜRDIGKEITEN & ORTE

44. Was findest du am interessantesten an den Tempeln in Bali, und was möchtest du darüber erfahren, wenn du sie besuchst?
45. Was findest du am speziellsten an der Architektur der Gebäude in New York City?
46. Was sind die besonderen Merkmale der Gebäude in Barcelona?
47. Was weißt du über die historischen Stätten in Istanbul, und was möchtest du darüber erfahren, wenn du sie besuchst?
48. Welche Sehenswürdigkeiten in Amerika möchtest du gerne einmal besuchen?
49. Welchen Ort möchtest du als Nächstes besuchen und besser kennenlernen?
50. Welcher war der beeindruckendste Ort, denn du je besucht hast?
51. Welche Sehenswürdigkeit ist deiner Meinung nach die Schönste?

WILDLIFE CONSERVATION •
ARTENSCHUTZ

1. Was sind deine Gedanken zum Wildtierschutz und warum ist er wichtig?
2. Was sind die dringendsten Probleme, mit denen sich der Wildtierschutz derzeit auseinandersetzt?
3. Welche Rolle spielen Wildtierreservate bei der Erhaltung von Wildtieren?
4. Was sind die positiven Auswirkungen, die der Wildtierschutz auf die Umwelt hat?
5. Was sind die negativen Auswirkungen, wenn Wildtiere nicht geschützt werden?
6. Was sind die Erfolge, die der Wildtierschutz in den letzten Jahren erzielt hat?
7. Was sind die Hindernisse, welche Tierschützern im Weg stehen, und wie können sie diese überwinden?

WILDLIFE CONSERVATION · ARTENSCHUTZ

8. Welche Auswirkungen hat der Klimawandel auf den Tierschutz?
9. Was sind deine Gedanken zum Artenschutz und warum ist er wichtig?
10. Was sind die Unterschiede zwischen dem Schutz von Wildtieren und dem Schutz von Haustieren?
11. Welche Auswirkungen hat die Zerstörung von Lebensräumen auf Wildtiere?
12. Wie können wir die Bevölkerung dazu ermutigen, sich für den Wildtierschutz zu engagieren?
13. Wie kann die Technologie dazu beitragen, Wildtiere zu schützen?
14. Was sind die Auswirkungen der Wilderei auf Wildtiere und was können wir tun, um dies zu bekämpfen?
15. Welche Maßnahmen müssen ergriffen werden, um den illegalen Handel mit Arten zu stoppen?

16. Was sind die Herausforderungen bei der Überwachung von Wildtieren und welche Technologien werden eingesetzt, um dies zu erleichtern?
17. Welche Rolle spielen Zoos und Tierparks bei der Erhaltung der Arten?
18. Was können wir tun, um den Lebensraum von Wildtieren zu schützen und zu bewahren?
19. Wie können wir Kinder dazu ermutigen, sich für den Wildtierschutz zu engagieren?
20. Was sind die positiven Auswirkungen des Wildtierschutzes auf die örtliche Bevölkerung?
21. Welche Schritte müssen unternommen werden, um die Wildtiere in Nationalparks zu schützen?
22. Was sind die negativen Auswirkungen von Jagdsport auf Wildtiere und welche Alternativen gibt es?
23. Wie können wir sicherstellen, dass Wildtiere nicht unter dem Tourismus leiden?

WILDLIFE CONSERVATION · ARTENSCHUTZ

24. Was sind die Auswirkungen von Umweltverschmutzung auf Wildtiere und was können wir tun, um sie zu minimieren?
25. Was sind die Unterschiede zwischen dem Wildtierschutz in Entwicklungsländern und Industrieländern?
26. Was sind die erfolgreichsten Schutzmaßnahmen, die bisher umgesetzt wurden?
27. Wie können wir die Öffentlichkeit dazu ermutigen, Wildtiere zu respektieren und ihre Lebensräume zu schützen?
28. Welches ist dein Lieblingstier und warum ist es wichtig, dieses Tier zu schützen?
29. Was können wir tun, um Wildtiere zu schützen?
30. Was sind die positiven Auswirkungen des Wildtierschutzes auf die Umwelt?
31. Wie können wir sicherstellen, dass Wildtiere genügend Nahrung und Wasser haben?
32. Was sind die gefährlichsten Tiere der Welt und warum müssen wir sie schützen?

33. Was sind die Aufgaben von Wildhütern und wie können sie Wildtiere schützen?
34. Wie können wir verhindern, dass Wildtiere von Autos überfahren werden?
35. Was sind die Unterschiede zwischen wilden und zahmen Tieren?
36. Was sind die Auswirkungen von Wilderei und wie können wir sie stoppen?
37. Was können wir tun, um den Lebensraum von Wildtieren zu schützen und zu bewahren?
38. Welche Tiere leben in deiner Region und wie können wir sie schützen?
39. Was können wir tun, um Wildtiere in Not zu helfen?
40. Wie können wir verhindern, dass Haustiere Wildtiere jagen?
41. Wie können wir verhindern, dass Tiere aus ihrem natürlichen Lebensraum vertrieben werden?
42. Was sind die negativen Auswirkungen, wenn Wildtiere nicht geschützt werden?

WILDLIFE CONSERVATION · ARTENSCHUTZ

43. Wie können wir Kindern helfen, Wildtiere zu beobachten und ihre Lebensräume zu schützen?
44. Was sind die Aufgaben von Tierärzten im Wildtierschutz?
45. Was sind die gefährdetsten Wildtiere und warum müssen wir sie schützen?
46. Wie können wir Wildtiere vor Umweltverschmutzung schützen?
47. Wie können wir Kindern helfen, mehr über Wildtiere und ihre Lebensräume zu erfahren?
48. Was sind die Maßnahmen, die ergriffen werden müssen, um bedrohte Arten zu schützen?
49. Was können wir tun, um sicherzustellen, dass Wildtiere nicht aussterben?
50. Wie können wir verhindern, dass Wildtiere in Konflikt mit der Menschheit geraten?
51. Was können wir tun, um sicherzustellen, dass Wildtiere genügend Platz haben, um zu leben?

52. Wie können wir verhindern, dass Wildtiere von Plastik und anderen Abfällen betroffen sind?
53. Was sind die negativen Auswirkungen des Klimawandels auf Wildtiere?
54. Was können wir tun, um Wildtiere vor Naturkatastrophen wie Waldbränden und Überschwemmungen zu schützen?
55. Wie können wir Wildtiere vor Krankheiten schützen?
56. Was sind die Auswirkungen von Wildtierschutz auf die lokale Bevölkerung und wie können sie davon profitieren?
57. Wie können wir Kindern helfen, sich aktiv am Wildtierschutz zu beteiligen?

CAREERS & WORKPLACE · KARRIERE & ARBEITSPLATZ

1. Was machst du beruflich?
2. Was sind deine beruflichen Ziele?
3. Welche Fähigkeiten sind für deinen Job am wichtigsten?
4. Wie wichtig ist dir dein Job?
5. Wie lange arbeitest du schon in deinem Beruf?
6. Welche Ausbildung hast du für deinen Job absolviert?
7. Was war dein erster Job?
8. Was sind die Herausforderungen deines Jobs?
9. Was sind die Vorteile deines Jobs?
10. Welche Arbeitsumgebung bevorzugst du?
11. Was denkst du über flexible Arbeitszeiten?
12. Wie wichtig ist dir eine gute Beziehung zu deinen Kollegen?

13. Wie oft triffst du dich außerhalb der Arbeit mit deinen Kollegen?
14. Was sind die wichtigsten Faktoren, die ein gutes Arbeitsumfeld ausmachen?
15. Was sind die größten Unterschiede zwischen der deutschen Arbeitskultur und der Kultur deines Heimatlandes?
16. Wie sind die Hierarchien in deinem Unternehmen?
17. Wie wichtig ist Teamwork in deinem Job?
18. Wie motivierst du dich selbst, wenn du einen harten Arbeitstag hast?
19. Was ist dein Lieblingsprojekt, an dem du bisher gearbeitet hast?
20. Wie gehst du mit Konflikten am Arbeitsplatz um?
21. Wie wichtig ist dir eine Work-Life-Balance?
22. Wie viel Zeit verbringst du täglich mit Arbeit?
23. Wie wichtig ist dir ein angemessenes Gehalt?
24. Welche Art von Belohnungen motivieren dich am meisten?

CAREERS & WORKPLACE · KARRIERE & ARBEITSPLATZ

25. Wie wichtig ist es für dich, eine Karriere zu machen?
26. Wie oft wechselst du deinen Job?
27. Welche Fähigkeiten möchtest du in Zukunft erlernen?
28. Was sind deine größten beruflichen Erfolge?
29. Welche beruflichen Herausforderungen hast du bisher gemeistert?
30. Was sind deine zukünftigen beruflichen Pläne?
31. Was ist dein Traumjob?
32. Wie wichtig ist dir die Meinung deiner Vorgesetzten?
33. Wie oft bekommst du Feedback zu deiner Arbeit?
34. Wie wichtig sind dir Weiterbildungen und Schulungen?
35. Wie wichtig ist es für dich, mit den neuesten Technologien und Entwicklungen auf dem Laufenden zu bleiben?
36. Wie wichtig ist es für dich, eine klare Jobbeschreibung zu haben?

37. Wie wichtig sind dir ein angenehmes Arbeitsumfeld und eine gute Atmosphäre am Arbeitsplatz?
38. Wie wichtig ist dir ein sicherer Job?
39. Wie gehst du mit einem schwierigen Chef oder Kollegen um?
40. Was sind die Vorteile und Nachteile von Homeoffice?
41. Wie vermeidest du Arbeitsstress?
42. Wie wichtig ist es für dich, ein gutes Verhältnis zu deinem Chef zu haben?
43. Wie viele Stunden arbeitest du pro Woche?
44. Wie wichtig ist es für dich, ein eigenes Büro zu haben?
45. Wie oft machst du Überstunden?
46. Wie wichtig ist es für dich, eine gute Work-Life-Balance zu haben?
47. Wie oft arbeitest du am Wochenende?
48. Wie wichtig ist es für dich, eine klare Trennung zwischen Arbeit und Privatleben zu haben?

CAREERS & WORKPLACE · KARRIERE & ARBEITSPLATZ

49. Wie wichtig ist es für dich, Karriere und Familie miteinander zu vereinbaren?
50. Wie wichtig ist es für dich, in einem internationalen Unternehmen zu arbeiten?
51. Wie beeinflusst die Digitalisierung deinen Arbeitsplatz?
52. Wie wichtig ist es für dich, regelmäßige Pausen während der Arbeitszeit zu machen?
53. Wie wichtig ist es für dich, an Team-Events oder Firmenveranstaltungen teilzunehmen?
54. Wie wichtig ist es für dich, ein gutes Verhältnis zu deinen Kunden zu haben?
55. Wie wichtig ist es für dich, im Team zu arbeiten?
56. Ist es für dich wichtig Feedback von deinen Kollegen zu bekommen?
57. Wie wichtig ist es für dich, ein offenes Arbeitsklima zu haben, in dem du deine Meinung äußern kannst?
58. Wie zufrieden bist du mit deinem Job?
59. Wie wichtig ist es für dich, eine klare Karriereplanung zu haben?

JUST FOR FUN · NUR ZUM SPAß

1. Wenn du für einen Tag unsichtbar wärst, was würdest du tun?
2. Würdest du lieber machen: einen Abenteuer oder einen Strandurlaub? Warum?
3. Wenn du eine Superkraft haben könntest, welche wäre es?
4. Würdest du lieber immer nur Süßigkeiten oder immer nur Gemüse essen?
5. Wenn du ein Fabelwesen wärst, welches würdest du sein?
6. Welches ist dein Lieblingshobby und warum?
7. Würdest du lieber eine Woche lang ohne Internet oder ohne Wasser auskommen?
8. Wenn du in einem Film mitspielen könntest, welchen Film würdest du wählen?
9. Was ist das lustigste Erlebnis, das du je hattest?

JUST FOR FUN · NUR ZUM SPAß

10. Wenn du eine Million Euro gewinnen würdest, was würdest du damit tun?
11. Würdest du lieber fliegen oder unsichtbar sein können?
12. Welche Superhelden-Kräfte wären am nützlichsten im Alltag?
13. Würdest du lieber in einer Welt ohne Musik oder ohne Filme leben?
14. Wenn du in die Zukunft reisen könntest, welches Jahr würdest du wählen?
15. Was ist dein Lieblingslied und warum?
16. Wenn du ein Tier sein könntest, welches würdest du wählen?
17. Würdest du lieber den Rest deines Lebens in einer Wüste oder einem Regenwald verbringen?
18. Wenn du ein Buch schreiben könntest, worum würde es gehen?
19. Was ist das interessanteste Tatsache, den du heute gelernt hast?

20. Wenn du eine Schauspielkarriere verfolgen könntest, welches Genre für einen Film oder ein Theater würdest du wählen?
21. Welches ist dein Lieblingsurlaubsziel und warum?
22. Würdest du lieber eine Woche lang in einer Bibliothek oder einem Freizeitpark verbringen?
23. Was ist das lustigste Tier, das du je gesehen hast?
24. Wenn du eine Landessprache fließend sprechen könntest, welche würdest du wählen?
25. Was ist dein Lieblingsgetränk und warum?
26. Würdest du lieber in einem Haus aus Schokolade oder einem Haus aus Keksen leben?
27. Wenn du ein Gericht wählen könntest, das du am besten kochen kannst, welches wäre es?
28. Was ist der beste Rat, den du je bekommen hast?

29. Würdest du lieber in einem Film oder einem Buch leben?
30. Wenn du eine Eigenschaft deines Charakters ändern könntest, welche wäre es?
31. Was ist dein Lieblingstier und warum?
32. Würdest du lieber ein Star Wars- oder Star Trek-Fan sein?
33. Wenn du eine Karriere in der Unterhaltungsbranche wählen könntest, welche würdest du wählen und welche Stationen würdest du durchleben?
34. Wenn du eine Sportart wählen könntest, die du am besten spielen kannst, welche wäre es?
35. Was ist das lustigste Wort, das du kennst?
36. Wenn du eine berühmte Person treffen könntest, wer wäre es?
37. Würdest du lieber den Rest deines Lebens ohne Fernsehen oder ohne Smartphone auskommen?
38. Wenn du eine Sache in der Welt verändern könntest, welche wäre es?

39. Was ist dein Lieblingsbuch und warum?
40. Würdest du lieber eine Woche lang in einem Raum ohne Fenster oder ohne Türen verbringen?
41. Wenn du eine Sprache sprechen könntest, die nur wenige Menschen sprechen, welche wäre es?
42. Würdest du lieber die Fähigkeit haben, in die Vergangenheit oder in die Zukunft zu reisen?
43. Würdest du lieber einen Dinosaurier oder ein Einhorn als Haustier haben?
44. Wenn du ein Superheld sein könntest, welche Farbe würde dein Kostüm haben?
45. Welches ist/war dein Lieblingsschulfach und warum?
46. Würdest du lieber auf einer Wolke oder in einem U-Boot leben?
47. Wenn du ein Schuh wärst, welches Schuhmodell wärst du?
48. Was ist das seltsamste Gerücht, das du jemals über dich gehört hast?

49. Würdest du lieber den Rest deines Lebens ohne Wasser oder ohne Brot auskommen?
50. Wenn du ein Tiergeräusch als Klingelton haben müsstest, welches Tiergeräusch würdest du wählen?
51. Was ist das ungewöhnlichste Hobby, das du kennst?

Thanks for reading this book. We hope you've had a great time with it and improved your German!

As authors, we're always eager to hear what you think, so we'd love it if you could take a moment to leave a review. Your honest feedback helps us improve our writing and also helps other readers decide if this book is right for them. Plus, we'd just really appreciate it!

Visit us at
www.bellanovabooks.com
for more great books to continue your learning journey.

Great work! Why not improve your reading too?

Available now in all major online bookstores.

www.ingramcontent.com/pod-product-compliance
Lightning Source LLC
LaVergne TN
LVHW092005090526
838202LV00001B/1